JN074036

都市経営研究叢書 4

# 公立図書館と都市経営の現在

### 地域社会の絆・醸成へのチャレンジ

## 永田潤子・遠藤尚秀［編］

日本評論社

# 『都市経営研究叢書シリーズ』
# 刊行にあたって

　21 世紀はアジア・ラテンアメリカ・中東・アフリカの都市化と経済発展の時代であり、世界的には、人類の過半が都市に住む都市の時代が到来しています。

　ところが、「人口消滅都市（※注）」などの警鐘が鳴らされているように、逆に先進国都市では、人口の減少、高齢化、グローバル化による産業の空洞化が同時進展し、都市における公共部門やビジネス等の活動の課題はますます複雑になっています。なぜなら、高齢化等により医療・福祉などの公共需要はますます増大するにもかかわらず、人口減少・産業の空洞化が同時進行し、財政が緊迫するからです。

※注：2014 年に日本創成会議（増田寛也座長）が提唱した概念

　このため、これからは都市の行政、ビジネス、非営利活動のあらゆる分野で、スマート（賢く）でクリエイティブ（創造的）な課題解決が求められるようになります。人口減少と高齢化の時代には、高付加価値・コストパフォーマンスの高いまちづくりや公民連携（PPP や PFI）が不可欠です。今後重要性の高い、効果的なまちづくりや政策分析、地域再生手法を研究する必要があります。また、人口減少と高齢化の時代には、地方自治体の行政運営の仕方、ガバナンスの課題が大変重要になってきます。限られた財政下で最大の効果を上げる行政を納税者に納得して進

めていくためにも、合意形成のあり方、市民参画、ガバメント（政府）からガバナンス（運営と統治）への考え方の転換、NPO などの新しい公共、そして法や制度の設計を研究する必要があります。また、産業の空洞化に対抗するためには、新産業の振興、産業構造の高度化が不可欠であり、特に、AI などの ICT 技術の急速な進歩に対応し、都市を活性化する中小・ベンチャーの経営革新により、都市型のビジネスをおこす研究が必要です。一方、高齢化社会の到来で、医療・社会福祉・非営利サービス需要はますます増大いたしますが、これらを限られた財政下で整備するためにも、医療・福祉のより効率的で効果的な経営や倫理を研究し、イノベーションをおこさないといけません。

　これらから、現代社会において、都市経営という概念、特に、これまでの既存の概念に加え、産業や組織の革新（イノベーション）と持続可能性（サスティナビリティ）というコンセプトを重視した都市経営が必要となってきています。

　このために、都市経営の基礎となるまちづくり、公共政策・産業政策・経済分析や、都市経営のための地方自治体の行政改革・ガバナンス、都市を活性化する中小ベンチャーの企業経営革新や ICT 化、医療・福祉の経営革新等の都市経営の諸課題について、都市を支える行政、NPO、プランナー、ビジネス、医療・福祉活動等の主要なセクターに属する人々が、自らの現場で抱えている都市経営の諸課題を、経済・経営・政策・法 / 行政・地域などの視点から、都市のイノベーションとサスティナビリティを踏まえて解決できるように、大阪市立大学は、指導的人材やプロフェッショナル / 実務的研究者を養成する新しい大学院として都市経営研究科を、2018 年（平成 30 年）4 月に開設いたしました。

　その新しい時代に求められる教程を想定するとともに、広く都市経営に関わる諸科学に携わる方々や、学ばれる方々に供するため、ここに、『都市経営研究叢書』を刊行いたします。

都市経営研究科 開設準備委員会委員長　桐山　孝信

都市経営研究科 初代研究科長　小長谷　一之

# 序——図書館と地域社会

　図書館は社会装置として大きなポテンシャルと可能性をもっている。

　あらゆる人に対して情報に接触する機会を平等に提供している図書館は、多様な生き方や複雑な社会に暮らす個人において、それを支える場である。

　図書を中心とした資料の収集・保存、利用を機能とする図書館の本質とその経営、情報処理を研究対象とする図書館情報学の枠組みを概観すると、「生涯学習論」「図書館情報技術論」「図書館サービス概論」「情報サービス論」「児童サービス論」「図書館情報資源概論」等があり、私たちの日々の暮らしに関連が深く、学びを支えていることが見てとれる。図書館という場に集積される知識情報の利用拡大を軸に、時代の進捗に見合って広く活用するため、さまざまな図書館がその在り方と未来を指向している。

　個人の暮らしを支えるだけでなく、昨今、図書館がもつ「知識（ナレッジ）の集積」を活用し、地域再生や地域や社会のさまざまな課題が解決できる可能性にも大いに期待が寄せられている。

　2019 年（令和元年）5 月、「地域の自主性及び自立性を高めるための改革の推進を図るための関係法令の整備に関する法律（第 9 次地方分権一括法、令和元年法律第 26 号）」が公布され、「社会教育法（昭和 24 年法律第 207 号）」、「地方教育行政の組織及び運営に関する法律（昭和 31 年法律第 162 号）」および「図書館法（昭和 25 年法律第 118 号）」が改められた。

　この改正により、各地方公共団体の判断で特例として公立図書館を教育委員会ではなく、地方公共団体の長が所管できるようになった。

　これは図書館が社会装置として、

　①地域活性化・まちづくりの拠点、地域の防災拠点などの新たな役割

を果たすこと

②地域の課題解決に向けた学習と活動の拠点としての機能を果たすため住民が主体的に取り組む活動に社会教育施設として貢献することが、より一層求められている背景がある。

そこに住む住民とともに双方向に、または住民同士がつながり合い、主体的に地域課題の解決を果たす場としての図書館への期待である。

一方、財政難や人口減少など地方自治体を取り巻く環境は厳しさを増しており、図書館においてもより効率的な運営を求められている。

このような状況の中で、多様な住民のニーズや地域社会からの要請に応えつつ、図書館のもつポテンシャルを引き出し活用するためには、どのようなことを考え、実践すればよいのだろうか。

本書ではこの問いに応えるべく、図書館運営の視点や課題、理論と実際の取り組み事例を整理し、考察した。

具体的には、「図書館という存在や在り方を掘り下げる（Being）」、その結果、「何をやるのか（Doing）」の2つの視点で整理することが有効であろうと考え、第Ⅰ部では、図書館のBeingを「都市経営と図書館」として考察し、続く第Ⅱ部では、図書館でのDoingを「都市経営の実践としての図書館運営」として、実際の取り組みを整理している。

まず、第Ⅰ部の各章ごとの内容を紹介したい。

第1章の「都市経営と図書館マネジメント」では、昨今の図書館をめぐる、①マネジメント改革（New Public Management）、②図書館等社会教育施設に寄せられる社会的な期待という2つの潮流を整理し、その期待に応えるための処方箋として、①図書館への住民参画、②図書館運営・マネジメントのポイントと要素、を提示している。処方箋では、公共サービス分野へのマーケティングの適用と戦略計画の立案や、住民協働の視点からのソーシャルマーケティングについても言及している。

第2章の「公立図書館の運営形態と今日的課題」では、図書館の運営形態に着目しながら社会課題にどのように対応しているかを整理してい

る。図書館への指定管理制度をめぐっては、導入当初から賛否両論あり今も議論は尽きない論点である。

　まず、①図書館をめぐる今日的課題を整理し、②指定管理者の運営による図書館と直営の図書館事例を取り上げ、今日的課題にどのように応えているのかを掘り下げ、③今日的課題への対応は運営形態の議論ではないと言及している。

　第3章の「都道府県立図書館と市区町村立図書館の関係」では、県立図書館と市区町村立図書館の関係を軸に、役割分担や機能連携の在り方を考察している。

　県立図書館をめぐっては二重行政の指摘もあり、住民に近く感じるのは市区町村立図書館であろうが、その地域の実情に応じて県立図書館が果たさなければならない役割は各々違いがある。したがって、①県立図書館と市区町村立図書館の機能と役割に関するこれまでの議論を整理し、②最近の県立図書館の見直し事例から見えてくる現状と課題を考察し、③直接サービスか間接サービスかの議論ではなく県立図書館としての価値提供の在り方、広域サービスの議論が必要であると言及している。

　第Ⅰ部を通じて、図書館をどのように運営していくのかに正解はなく、住民も含めてさまざまな関係者を巻き込んで議論を仕掛けていくことこそが、今後の図書館の可能性を左右することがわかるであろう。


　第Ⅱ部「都市経営の実践としての図書館運営」では、まず公立図書館運営の枠組みと分析を述べる。その後に、「地域における知の拠点」であるとともに、地域文化の継承、地域住民等の出会いの場の提供を通じて地域社会のニーズを汲み取り、地域価値創造に邁進する6つの公立図書館の職員（あるいは元職員）に執筆をお願いした。

　本書の執筆者のうち、瀬戸内市・和歌山市・伊丹市・甲州市の関係者には、都市政策・地域経済コースシンポジウム（一般公開ワークショップ）において、「公立図書館と地域の絆（Part1・Part2）」のテーマで2018年度（平成30年度）および2019年度（令和元年度）にご講演をい

ただき、大変好評を博した。そのうち、先進的な活動を行っている図書館に贈られる"Library of the Year"大賞を2016年度（平成28年度）から2018年度（平成30年度）までの各年度に受賞された公立図書館が3団体、含まれている。

　他方、公立図書館運営の実態調査を実施した際に「西脇市茜が丘複合施設（Miraie）」において、こどもプラザと西脇市立図書館が子育て支援事業を連携して行い、地元や近隣自治体の住民から絶大の信頼を勝ち得ている現場を目の当たりにした。また、熊本地震後、まだ痛々しい現場の中、地域の復興を目指して必死に奮闘する宇城市立中央図書館の職員にインタビューも行った。いずれも、日常生活や災害復興時において、苦悩する地域住民に"図書"を通じて常に寄り添い、励まし、"地域の絆"を紡ぎだす両図書館職員の活動に心を打たれ、執筆を依頼した。

　上記の6つの公立図書館関係者に加えて、自治体から指定管理者として図書館運営を任される機会が多いカルチュア・コンビニエンス・クラブ㈱（CCC）執行役員と、京都府北部連携都市圏（5市2町）における広域での図書館運営について福知山公立大学教員にも執筆をお願いした。

　第4章「公立図書館運営の枠組みと分析」では、第Ⅱ部における公立図書館運営の事例紹介を行う前に、第5章以下の各事例における公立図書館運営の管理上のポイントを整理するために、その背景となる公共経営の潮流をまず考察する。

　すなわち、公共サービスをいかに地域住民や利用者に賢く提供するかを意味する「公共経営」という表現には、①自治体組織の内部における経営管理としての「行政経営」と、②自治体（行政）と住民・民間組織による公民連携（PPP）や複数の自治体間の連携（公公連携）により地域資源を有効活用しつつ公共サービスを提供し、特定の「地域」における各種課題への対応に向けて、複数の公共サービス提供主体間で繰り広げられるネットワーク・マネジメントとしての「都市経営（地域経営）」が内包されている。結果、「公共経営」は、①の「行政経営」をベース

としつつ②の「都市経営」へと深化し、住民が公共サービス活動の単なる「顧客」ではなく、「当事者」意識が醸成されることで行政と住民による地域価値の共創が発揮されることとなる。

　上記の公共経営の文脈を公立図書館経営に置き換え、主として「図書館の設置及び運営上の望ましい基準」（2012 年基準）に基づいて、図書館経営における、①組織運営上の主なテーマ（課題）と、②都市経営としての主なテーマ（課題）を整理すると、以下のとおりとなる。

　①組織運営上のテーマ（課題）
　　　１）経営管理サイクル（指標と目標の設定、業績測定と評価）
　　　２）組織（図書館長のリーダーシップ、司書）
　　　３）業務のアウトソーシング（委託契約、指定管理者制度）
　　　４）ハードとしての図書館（施設の老朽化対応、バリアフリー）
　②都市経営としての主なテーマ（課題）
　　　１）公民連携（従来の図書館機能における計画時・実施時・評価時、住民交流機能）
　　　２）公公連携（横の連携、縦の連携）
　第４章の最後では、より客観的に図書館を運営する上で欠かせない地方公会計情報の読み方について、①民間と行政の財務書類の視点の相違と②指定管理者制度導入に伴う財務上の優位性について考察した。とりわけ②について、図書館事業を直営から指定管理者制度へ変更する際に、可能な範囲で付随した収益事業（飲食・関連ショップなど）の運営を容認することで、当該自治体のコストが削減される一方、指定管理者も収益増となり双方に経済的なメリットをもたらす可能性を秘めている点を会計学の観点から明らかにした。

　このような新しい運営法の効果としては、
　⑴ コスト上の利点
　⑵ 政策上の利点＝稼働率・利用率の向上
　　　①集客力アップによるまちづくり効果
　　　②市民の学習機会拡大による公共政策効果
がある。

つづいて、第Ⅱ部「都市経営の実践としての図書館運営」における各章の事例内容を概説する。

　第5章は、2004年（平成16年）に3町が合併してできた瀬戸内市に整備された直営の「中央図書館（愛称：もみわ広場）」の事例である。開館5年前に公募により着任した図書館長のリーダーシップの下、市民ワークショップを通じて図書館整備のプロセスに地域住民と行政が協働で「基本計画」を策定した。開設後、図書館友の会や住民との協働による文化事業の展開などを通じて「当事者意識」をもつ市民がいかに醸成されるかについて記述している。

　第6章では、人口減少、中心市街地の衰退と耐震性能で基準に満たない市民図書館の維持管理の課題を受け、南海和歌山市駅前ビルの再開発を契機に、指定管理者制度を利用し賑わいの核となる施設として、新たな「和歌山市民図書館」の持続的な運営をいかに目指したのかについて解説した。

　第7章では、複数の公立図書館の指定管理者として運営を任されているCCCが、どのような方針（約束）のもと、市民とともに各地域に見合ったコンセプトを作成し、結果、どのような地域価値を創造してきたかについて、説明されている。

　第8章では、「ことば文化都市伊丹の拠点」としての「兵庫県伊丹市立図書館（愛称：ことば蔵）」について、市民参加の運営会議を通じて、「図書館本館機能」のみならず「交流機能」や「情報発信機能」も充実することで、「公園のような図書館」として、直営方式によりいかに市民が主役として新たな図書館が運営されているのかについて、具体的に記載されている。

　第9章では、合併前の山梨県勝沼町に設置されていた「ぶどうの国資料館」をベースに、1996年（平成8年）に開館した「勝沼町立図書館（後の甲州市立勝沼図書館）」が、古くから栽培され基幹産業として続く「ぶどうとワイン」を軸に、関連資料の収集・提供・保存し、いかに地域の歴史と産業を支える図書館として運営されているのかについて、記述されている。

第 10 章では、「人つどい　人つながり　人はぐくむ 交流の場」として、こどもプラザ（児童館と子育て学習センター）・図書館・男女共同参画センター・コミュニティセンターの 4 つの機能を一体運営する「兵庫県西脇市茜が丘複合施設（愛称：Miraie）」において、とりわけ「こどもプラザ」と「市立図書館」がいかに連携して、子育て支援機能を発揮しているのかについて具体的な取り組みを紹介している。

　第 11 章では、2005 年（平成 17 年）に 5 町が合併して誕生した熊本県宇城市を 2016 年（平成 28 年）4 月に大地震（熊本地震）が襲った際に大きな被害を受けた「宇城市中央図書館」が、図書館自身の復旧と地域の早期復興に向けた震災後から実施した取り組みについて記載した。

　第 12 章では、京都府福知山市・舞鶴市・綾部市・宮津市・京丹後市・伊根町・与謝野町の 5 市 2 町で構成されている仮想的 30 万人都市「京都府北部連携都市圏」をベースに、公立図書館の現状をデータと GIS で分析するとともに、広域連携の現状と課題について記載している。

　本書では、公立図書館をめぐる現状を踏まえた内容を目指し、客観的な記述をベースにしながら、各執筆者の意見と個性とのバランスを考えた。また、現場での実務でご多忙な中、実務家の皆様に執筆のご協力を得ている。編者として、深くお礼申し上げる。

　最後に、本書が図書館と地域社会のつながりに関心のある学徒、研究者、図書館関係者、行政マン、ビジネスマン、そして住民の方々にこれからの図書館を考える何らかの参考になれば幸いである。


　令和 2 年 3 月

永田潤子・遠藤尚秀

# 目　次

## 第Ⅰ部　都市経営と図書館

### 第1章　都市経営と図書館マネジメント　002

### 第2章　公立図書館の運営形態と今日的課題　021

### 第3章　都道府県立図書館と市区町村立図書館の関係　034

# 第Ⅱ部　都市経営の実践としての図書館運営

## 第4章　公立図書館運営の枠組みと分析　050

## 第5章　公募図書館長のリーダーシップ　077
── 瀬戸内市民図書館の取り組み

## 第6章　地域活性化を目指した指定管理者による図書館運営　091
── 和歌山市民図書館の取り組み

# 第Ⅰ部

# 都市経営と
# 図書館

# 第1章

# 都市経営と
# 図書館マネジメント

## Ⅰ．図書館のマネジメント改革

### 1．図書館の意義

　「図書館法（昭和25年法律第118号）第2条1項」によると、図書館とは「図書、記録その他必要な資料を収集し、整理し、保存して、一般公衆の利用に供し、その教養、調査研究、リクリエーション等に資することを目的とする施設」と定義されており、設置者により国立国会図書館、公共図書館、大学図書館、学校図書館、専門図書館がある。

　図書館法でいうところの資料とは「情報、もとになるもの」であると解釈すると、私たちが日々の暮らしを営み生きていく際に情報を活用し、人とやりとりするものを提供している場所といえる。

　図書館の意義と重要性をアメリカ図書館協会「図書館を利用する権利に関する宣言」（Declaration for the Right to Libraries）では、図書館は民主主義の礎であり、暮らしは図書館で豊かになるとの考えのもと、「図書館は個々人に力を与える」「図書館はリテラシーの向上と生涯学習を支援する」「図書館は家族のつながりを強化する」「図書館は機会の平等を保障する」「図書館はコミュニティを育成する」「図書館は私たちの知る権利を守っている」「図書館は私たちのこの国を強化する」「図書館は研究開発と学術を推進する」「図書館は私たちがお互いをより良く理解するのを助けている」「図書館は私たち国民の文化遺産を保存する」[1]を挙げている。

　このように図書館は、私たちの日々の暮らしや人生、人とのつながり

やコミュニティ形成のもとになるものを、あらゆる人に対して平等に接触する機会を提供しており、さまざまな可能性と大きなポテンシャルをもつ場である。

また、ランガナタンによる「図書館学の五法則」では、以下が挙げられている[2]。

①図書は利用するためのものである
②いずれの読者にもすべて、その人の図書を
③いずれの図書にもすべて、その読者を
④図書館利用者の時間を節約せよ
⑤図書館書は成長する有機体である

人生100年時代といわれ、さまざまな社会課題の解決が求められる今、私たちの成長と成熟をもたらす場としての図書館の価値と利用に関する議論、また、図書館に関わる専門人材の在り方、財政状況の厳しい中での効率的な運営の実現など、この五法則の解釈の深化、多様性が各地域や図書館で進められている。

## 2．図書館運営と行政改革

1995年（平成7年）以降、日本の公共部門や自治体は、政策の考え方やサービスの実施や評価に関して新しいパラダイムを採用した。これらは「NPM（New Public Management：新しい公共経営）」と総称される体系として集約されている。

NPMは1970年代以降、自国経済の停滞、財政赤字の肥大化、公的部門の業績悪化に直面したイギリス、ニュージーランド、オーストラリア、カナダなどのOECD主要国が取り組んだ、公共部門を縮小する「小さな政府」を目指す改革であり、具体的には政府は市場と競合する政策領域から可能な限り撤退、もしくは市場の自律機能に委ね、公的企業の民営化、行政サービスの市場からの調達などを実施、累積赤字の削減などの効果を挙げた。

続く1980年後半以降は、公共部門の業績改善、いわゆるマネジメント改革へと移行した。NPMはこれら各国の行政現場において効率化、効果的な運営を目指して行われた試行錯誤の結果を基にしているため、国により定義やアプローチに多少の違いはあるが、マネジメント改革の要素は以下の4つに集約できる。

①業績成果による統制と評価システム
②市場メカニズムの活用
③顧客起点
④権限の委譲と業績成果による統制

　図書館をめぐる行政評価、指定管理者制度の活用などの変化は、このNPMの改革アプローチと関連がある。特に、「成果の重視」と「効率的かつ効果的な成果の達成」が求められ、これは、ヒト、モノ、カネ、時間、情報という5つの経営資源を活用し、求める成果をいかに効率的に達成するかという経営学的視点であり、公共の利益や福祉を目的とする行政サービスとは、一見、目的が違うように思える。実際、NPMが日本に入ってきた当初は、文化教育施設としてのミッションを果たす図書館は、効率性の議論にはなじまないという反応があった。
　しかし、NPMによるマネジメントは、「図書館にあるヒトやモノなどの資源（蔵書、司書、ネットワークなど）をどのように組み合わせて最適かつ有効なプロセス、もしくは結果的にコストを削減できる形で、その目的を達成できるのか」を考えることであり、前述した「図書館を利用する権利に関する宣言」を実現し、「図書館学の五法則」に基づいた運営のためにも有効である。

## 3．図書館運営と指定管理者制度
　図書館は「公の施設」であり、「地方自治法第244条」によれば、「住民の福祉を増進する目的をもってその利用に供するための施設」と規定されており、原則として設置者である当該自治体が管理運営も責任をも

って行うこととされている。これまでの地方自治体法の改正を重ねる中で、特に必要と認めるときには、公共団体、公共的団体、第三セクターへと委託できる「管理委託制度」があったが、2003年（平成15年）の「地方自治法の一部改正」により、管理委託制度を廃止し、「指定管理制度」が導入された。これは、「公の施設」の管理に関する権限を指定管理者に「委託」し、管理運営を行わせる仕組みであり、NPM改革による「市場メカニズムの活用」および「権限の委譲と業績成果による統制」に基づいた方法ともいえる。

　個人は指定管理者になることができないが、委託者になりうる団体について法令上特段の制限はない。これまでも、民間企業、NPO、市民団体などさまざまな団体が指定管理者となり、図書館運営を実施している。

　図書館への指定管理制度をめぐっては、導入当初から賛否両論あり、今も議論は尽きない。

　水沼（2018）[3]は、指定管理による図書館と直営による図書館それぞれの所蔵図書や貸出状況、レファレンスサービス、各種利用量、会館状況、館長の支所資格の有無や専任か常勤かを比較した総合考察の結果、

①指定管理制度を導入することに対して、学ぶ権利を侵害するという指摘があるが、その根拠は見当たらなかった
②指定管理の図書館は、利用者が自分で情報を調べるようにする教育や環境整備に積極的であり、逆に直営の図書館は、利用者の質問に図書館員が直接答えようとする傾向が強い
③指定管理の図書館では来館者数や貸出冊数、参考受付件数など各種利用量が制度導入後に増加しており、開館日数、祝日開館の平均値、中央値が直営の図書館よりも高い
④指定管理の図書館の方が、館長が司書資格を持ち、専任、常勤である場合が多い
⑤直営の図書館の方が指定管理の図書館や類似機関に対して、問い合わせることで回答に努める傾向がある

ことを明らかにし、指定管理制度の導入は「学ぶ権利を侵害する」「職員の専門性が失われる」という指摘は必ずしも妥当ではないことを示し、双方のサービス改善の可能性を指摘している。まちづくりや地域活性化の政策の一環として、直営では持ちえない資源やスキルへの期待から民間事業者を指定管理者とし運営を委託する自治体もあれば、本や資料を通じた生涯学習を軸に直営で運営する自治体もある。

　指定管理制度の賛否を議論するのではなく、むしろ、それぞれの運営形態のよさや課題を明らかにし、図書館そのものの存在意義や価値の議論へ移行する時期にきているのではないだろうか。

## Ⅱ．高まる社会教育施設への期待

### 1．公立社会教育施設の所管の在り方に関する議論[4]

　2019年（令和元年）5月、「地域の自主性及び自立性を高めるための改革の推進を図るための関係法令の整備に関する法律（第9次地方分権一括法、令和元年法律第26号）」が成立し公布された。これにより、「社会教育法（昭和24年法律第207号）」、「地方教育行政の組織及び運営に関する法律（昭和31年法律第162号）」および「図書館法（昭和25年法律第118号）」が改められ、各地方公共団体の判断で条例を定めることにより、特例として公立図書館を教育委員会ではなく、地方公共団体の長が所管できるようになった。

　社会教育施設は、文部科学省（2019年）[5]の調査によれば、公民館が1万3993施設、博物館（博物館類似施設を含む）が5724施設、図書館が3338施設、青少年教育施設が891施設、女性教育施設が367施設あり、地域住民に身近な施設として、人が育ち人と人、さらには地域とつながる拠点として、地域における社会教育の拠点として機能してきた。

　これまでも、地方自治法の事務委任および補助的執行制度を利用し、首長部局が社会教育施設の事務を行うことは可能であり、実際、優れた成果を挙げていると評価されている図書館もある。また、2014年（平成26年）の「地方教育行政の組織及び運営に関する法律」の改正によ

り、教育委員長と教育長は教育長に一本化され、首長が教育長の任免権を持つとされた。

　その上で、今回の改正は、少子化による人口減少、急速な高齢化の進展、地方自治体の財政状況の悪化等の社会情勢の変化の中、公立社会教育施設が求められる役割をより果たすことができるよう地域の実情等を踏まえ、教育分野以外の分野の専門的知見、経験や人脈、情報発信に関わる資源を有する首長部局が社会教育の振興の新たな担い手として加わることを可能とし、地域における社会教育の振興がこれまで以上に図られるようになることを期待して導入された。

　具体的には、図書館、公民館、博物館などの社会教育施設が地域活性化・まちづくりの拠点、地域の防災拠点などの新たな役割を果たすことが期待され、地域の課題解決に向けた学習と活動の拠点として機能し、住民が主体的に取り組む活動を社会教育施設として貢献することが求められる。

　これまでも社会教育施設を効果的に運営するために、行政サービスの外部化の一手法として指定管理制度が導入されたが、今日的な役割の実現のため、「首長自らの責任のもと、他行政分野との一体的運営による質の高い行政実現」を挙げ、当該施設を利用して社会教育に関する事業等と、まちづくりや観光等の他の行政分野の事業等とを一体的に推進し、より充実した住民サービス等を実現し、地方行政全体として大きな成果を挙げることが期待されている。

　さらに、社会教育は、福祉、労働、産業、観光、まちづくり、青少年健全育成等の地方公共団体の長が所管する行政分野とも大きな関わりをもつものであるので、長の所管する他の行政分野における人的・物的資源や専門知識、ノウハウ、ネットワーク等をお互いに活用することで、当該施設の運営のみならず、社会教育行政全体の活性化にとってもプラスの効果が生まれる可能性がある。

　一方、首長部局が所管することで、「政治的中立性の確保」に関する重要性も指摘され、議論された。今回の改正で、首長部局が図書館を所管する場合、教育委員会が首長に対して意見を述べることができるが、

教育委員会や図書館関係者、有識者等がどのような形で関与するかの制度設計は地方公共団体に任されており、今後の課題である。

社会教育施設の所管に関する特例の導入により、所管が首長部局に移った場合においても、それぞれの所管が、社会教育法、図書館法等に基づく社会教育施設であることは変わりなく、それぞれの法律に定める目的に即し、各種の基準等を遵守して社会教育の振興に努めることが求められ、教育委員会においては首長部局と密接に連携を図りながら社会教育の振興に努め、首長部局は社会教育振興の一翼を担うことになるから、国、都道府県教育委員会においては公立社会教育施設を担当する市町村の首長部局とも十分な意思疎通を図りながら連携関係を構築することが求められる。

## 2．地域創生・地域活性化の視点と図書館

地域再生、地域活性化は多くの地域での課題であり、多くの取り組みやさまざまな事業がなされていることからも、容易ではないこともわかる。そもそも、何をもって地域再生や地域創生の成功というのか定義することも難しい。

持続可能な地域社会を考えるならば、1970年代、地域開発の研究の中で生まれた「海外からの技術支援や資金援助に頼って近代化を目指す開発ではなく、途上国住民自らがコミュニティを通じ主体的な合意形成を経て、自らの手で地域形成を行いその地域の問題の解決を図り、地域発展を目指すような発展」という「内発的発展」[6)]の視点が必要である。

特に、地域コミュニティは明確なヒエラルキー組織ではなく、ゆるやかなつながりをもっている。地域を構成するさまざまなステークホルダーが、相互に学習しあい解を見つけ実践する必要があり、図書館という場だからこそ、さまざまな住民が集え図書館にある情報を活用した内発的発展につながる取り組みが可能となる。

## Ⅲ．図書館の果たすべき役割への期待

### 1．地域課題解決に向けた情報の拠点

　図書館は、今回の改正の議論で整理されたように、今後、障害の有無に関わらずすべての住民に読書の機会を提供する役割を強化するとともに、「社会に開かれた教育課程」実現に向けた学校との連携強化や、商工労働部局や健康福祉部局等とも連携した地域課題の解決や地域の先駆的・主体的な取り組みの支援に資するレファレンス機能の充実など、地域住民のニーズに対応できる情報拠点としての役割の強化が求められる（図1-1）。

　さらには、まちづくりの中核となる地域住民の交流の拠点としての機能の強化等も期待される。知識情報社会における知識・情報の拠点として、市民生活のあらゆる分野の関係機関との連携のもと、利用者および住民の要望や社会の要請に応える地域の情報拠点として運営の充実を図

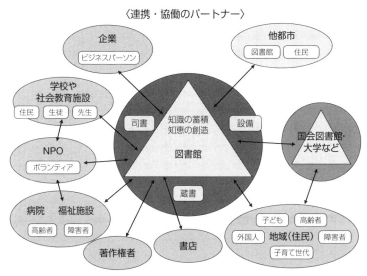

**図1-1　情報拠点としての図書館**
（出所）永田潤子（2013）「図書館経営の評価とマーケティング」安藤友張編著『図書館制度・
　　　経営論―ライブラリー・マネジメントの現在』ミネルヴァ書房、141頁の図9.1をもとに改
　　　変

ることが望まれる。

### 2．図書館の複合施設化や官民連携

　企業では業務連携、合併などにより、効率的なサービス提供を試みているように、図書館においても、他の図書館、他の社会教育施設、他機関などとの連携によるサービスの実施が有効である。

　図書館間の連携については、蔵書の相互貸出や企画や広報を共同で実施、司書の専門性の相互活用などさまざまな取り組みが既になされているが、地域内にある美術館、音楽ホール、学校、劇場、福祉施設、保育園などとの連携による企画や教育、更には地域福祉、観光、子育てなどの実施により、図書館がより社会的な存在へと移行する。

　実際、図書館の複合施設化も進んでおり、文部科学省（2018)[7]の調査によれば、図書館については65.0％となっており、中心市街地拠点施設、市民学習センターとの複合化、文化創造拠点、地域の工芸博物館、大型書店等さまざまな複合化が進んでいる。

　また、高知県立図書館と高知市立図書館の複合施設化、さらには医療・福祉施設の複合化など人口の高齢化を見据えた新たな取り組みも進められている。官民複合による地域活性化施設の中に図書館を設置する自治体もあり、社会教育の一体化による効果だけではなく、施設の建設費の観点からも今後もその傾向は高まってくることが予想される。

　複合化の取り組みは図書館利用者の増加やにぎわいにつながっているが、図書館サービスとの親和性や他の図書館業務とのバランスも十分に考える必要があるであろう。


## Ⅳ．図書館への地域住民の参画

### 1．住民参画の3つのフェーズ

　住民の参画や協働による図書館運営については、「PLANへの参画」「DOへの参画」「SEEへの参画」という3つのマネジメントサイクルへの参画で整理できる。

① PLANへの参画とは、どのような図書館でありたいかなど、Plan作りをするときに市民を巻き込んで議論することである

② DOへの参画とは、ボランティアという形などで住民が図書館の運営に参加することである。また、図書館のリソースを使って地域社会へ貢献する活動を実施する

③ SEEへの参画というのは、利用者という立場から図書館を評価することである。

　加えて、行政サービスと住民との関係は「利用者の顔」「納税者の顔」「行動主体の顔」の3つ側面で分けられる。

　1番目の利用者の顔とは、サービスの受け手（顧客）であり、主に日々の図書館サービスレベルにおいて、質の高いサービスを求める。

　2番目の納税者の顔とは、自分の税金が有効に使われているか、無駄遣いしていないかなどへの関心、さらには政策決定プロセスの開示を求めるものであり、図書館が生み出した成果や結果、価値を評価する。

　最後の行動主体の顔とは、自らが主体となり住みやすい地域をつくることや地域課題の解決に参画し、新しい価値を創造することである。行動主体としての住民の力を生かせる場としての図書館の場としての環境の整備など、サポートやコーディネート機能が求められる。

## 2．相互作用で生み出す図書館の市民価値

　マーケティングとは、「顧客のニーズやウォンツを把握し、それに応えていく一連のプロセス」であり、図書館運営は、「住民のニーズやウォンツを把握し、図書館サービスを通じて応えていくプロセス」であるので、マーケティングの手法は参考になる[8]。

　1990年代に入り、このマーケティングは、消費者との対話やコミュニケーションを通じた相互作用の中でニーズや新たな価値を創出する、「質を問う"関係性マーケティング"」へ転換した。関係性のマーケティングとは、需要が潜在的に存在するのではなく、顧客と交互作用的なコミュニケーション活動によってニーズは発生し、顧客とともに共創的に

発生すると考える視点である[9]。自治体サービスにおいても、住民は単なるサービスの受け手ではなく、「行動主体としての顔」をもち、これまでの一方的に行政がサービスを提供するものではなく、住民参画や住民との協働や相互作用、双方向で行政サービスを考えていくことが求められていることから、関係性マーケティングは住民との関係にも馴染みやすい。

　また、マーケティングでは、顧客のニーズや価値がその源泉となるが、公共サービスにおける「住民の価値」とは何であろうか。確かに、個々の事業の利用者アンケートや満足度調査などを実施すれば住民の意向は調査できる。しかし、アンケート調査は現状の評価や仮説の検証である。大住（2007）[10]は、公共サービスの市民価値として、「最高のサービス」「最低の総コスト」「きめ細かなサービス」「新たな価値の創造」を挙げている。

　「最高のサービス」とは、高度医療などの卓越した政策や革新的なサービスの提供、異なる組織や民間企業との政策連携による新たな政策の実現も含むと考えられる。図書館における「最高のサービス」としては、ビジネス支援などの課題解決型図書館としての業務や、まちづくりや産業政策や地域再生といった地域課題に結びついたサービスである。

　「最低の総コスト」とは、すべての市民が共通に利用するサービスをより適正な価格で提供することをいい、例えば貸出コストやIT利用による業務の効率化などによるコスト削減をいう。

　「きめ細かなサービス」とは、マイノリティ向けサービスや限定的なサービスなどを指し、市民の個別のニーズへのきめ細かな対応を充実させることを意図する。総合的なレファレンス業務を充実させ、市民生活に関わる問題解決に資する情報提供サービスや、市民の個別ニーズに対応した医療・法務情報の提供、生涯学習支援により人生を充実させるための支援の充実であり、外国人へのサービスなども含む。最近では、ライブラリーカフェ、まちかどライブラリーなど、市民提案のきめ細かな取り組みもみられる。

　「新たな価値の創造」とは、市民参画や協働による新たな結果や価値

が創出されることなどを指し、市民が自ら図書館の情報や資源を活かす「場」として、その機能を提供することである。市民やNPOなどと共に図書館で新たな価値を創造することである。図書館の複合施設化は、新たな価値を生む可能性がある。また、図書館と地域を結ぶ協議会や図書館サポーター組織が立ち上がるなど、住民参加での取り組みが始まっている地域もある。

## V．期待に応える図書館運営・マネジメントのポイント

### 1．公共組織へのSWOT分析の適用

　より高まる図書館の役割を、限られた資源や厳しい財政状況の中で、効率的かつ効果的な図書館運営を実施するには、「SWOT分析」などの環境分析が有効である。

　SWOT分析とは、「内部環境」、「外部環境」、「強み」、「弱み」の4つでマトリックスを作り、強み（Strength）、弱み（Weakness）、機会

|  | 強み<br>(Strength) | 弱み<br>(Weakness) |
|---|---|---|
| 機会<br>(Opportunity)<br>・市民ニーズが増加<br>・市の役割が拡大 | 1 組織の強みを使って優位に進められる事業は何か？<br>（最大の機会）<br><br>成長戦略<br>（機会＋強み） | 2 組織の弱みを改善して機会を取り込むことはできないか？<br><br>改善戦略<br>（機会＋弱み） |
| 脅威<br>(Threat)<br>・市民ニーズが減少<br>・市の役割が縮小 | 3 組織の強みで脅威に打ち勝つ方法はないか？他組織には脅威でも組織の強みで脅威を機会に変えられないか？<br>回避戦略<br>（脅威＋強み） | 4 最悪の事態を回避する方法は何か？<br>（最大の脅威）<br><br>撤退戦略<br>（脅威＋弱み） |

**図1-2　SWOT分析**
（出所）筆者作成

（Opportunity）、脅威（Threat）がそれぞれに対応し、4つの頭文字を取っている（図1-2）。

　公共組織の場合、強み（機会）にあたるのは、市民ニーズの高まっているもの、行政としての役割が拡がっているなど優先順位の高い状況を指し、自らの組織中の経営資源に強みがある場合は「成長戦略（強みを活かし成果を挙げる）」を取り、弱みがある場合は「改善戦略（弱みを補強し改善する）」なる。

　逆に、脅威とは、市民ニーズが低くなっているもの、行政としての役割が縮小しているなど優先順位の低いものを指し、組織中の経営資源に強みがある場合は、「回避戦略（徐々に縮小する）」を取り、経営資源に弱みのある場合は「撤退戦略（廃止する）」を選択することになる。それぞれの4つのセルで取るべき戦略が自ずと決まってくる。

　また、外部環境に関しては住民のニーズだけではなく、他の自治体が期待する役割も考慮する必要があり、例えば、大都市における昼間人口へのサービスはその一例である。

　さらに、内部環境を図書館のみで整理する場合と、自治体全体で整理する場合がある。例えば、図書館自体では経営資源が弱くても、関連する領域のNPOやボランティア組織などが充実している場合は内部資源の強みと整理する。

　公共版SWOT分析のメリットとして、以下の3点がある。

①政策領域の重点化
　外部環境分析による「市民ニーズの増減」「市の役割の拡大・縮小」を目安とすることで、公共としての政策領域そのものの重点化が図りやすい。政策の選択と集中の議論のベースになり得る。
②行政としての役割の重点化
　内部要因として位置づけた「パートナー分析」によるパートナーへの委譲や協働の可能性を通じて行政の役割を純化し、行政としての重点化の基準とすることができる。地域の中のNPOやボランティア組織などへ任せられる領域や事業が明らかになることにより、行政とし

て取り組むべき領域が明らかになるのである。

③戦略の選択や具体化

　公共としての主体的な価値設定を基にして、具体的な戦略策定の方針・方向性を示すことにより、戦略自体の選択や具体化が図れるようになる。

　この3つの基本となるのは、ミッションの定義である。SWOT分析により、外部環境、内部環境を分析し、ニーズの増減や期待されている成果などを整理し、「ミッションの定義」に行き着く。結果、政策の重点化および行政の役割の明確化も図られ、戦略的課題が見えてくるので、その課題をブレークダウンし、具体的な戦略目標を設定、実施計画ができる。

　ミッションステートメントを掲げている図書館は少ない。

　例えば、岐阜県立図書館は、「岐阜のひとづくり、ものづくり、まちづくりを支えます」と明示し、①資料の収集・保存・提供を通じて、県民の生涯学習と個人や地域の課題解決を支援、②県の中核図書館として、県内市町村図書館等のサービス向上の支援を掲げている[11]。このミッションに基づく重点化や課題の明示へのブレークダウンができれば、実効的である。

　図書館として、地域活性化・まちづくりの拠点、地域の防災拠点などの新たな役割への期待、地域の課題解決に向けた学習と活動の拠点としての機能の強化など、これらを具体的に検討していく際など、SWOT分析の有効性が高い。


## 2．図書館のアカウンタビリティ（説明責任）

　図書館への期待に応えていくことは、アカウンタビリティを果たすことである。

　アカウンタビリティとは「説明責任」と訳されるが、これは行政の施策や取り組みを説明することを指すのではなく、「自らの組織の使命・目的が果たせているか否かを説明する責任」をいい、公的アカウンタビ

第1段階　**合規性**に関するアカウンタビリティ
（決められたとおり執行しているか）

第2段階　**プロセス**に関するアカウンタビリティ
（適切な手段を選択しているか）

・**手続きの妥当性を重視**

第3段階　**パフォーマンス**に関するアカウンタビリティ
（効率的な運営がなされているか）

第4段階　**施策**に関するアカウンタビリティ
（施策の目標が適切に設定され、達成されて
いるか）

第5段階　**政策**に関するアカウンタビリティ
（政策の妥当性、政策目標の達成度はどうか）

・資産、資産の投資使用目
的が効果的かつ適切か
・課題解決ができたか

**図1-3　公的アカウンタビリティの5段階**
（出所）筆者作成

リティ[12]は、以下の5段階で整理できる（図1-3）。

　第1段階は「合規性に関するアカウンタビリティ」であり、条例や規則どおりに執行する責任である。例えば、図書館での予算が予算品目どおりに適正に支出されているかなどである。

　第2段階は「プロセスに関するアカウンタビリティ」であり、事業や施策を適切な手段で執行する責任である。例えば、図書館で実施している事業やサービスが適切な手段や方法を選び実施されているかである。

　第3段階は「パフォーマンスに関するアカウンタビリティ」であり、目的を達成するために効率的な運営する責任である。

　第4段階のアカウンタビリティとは「施策（プログラム）に関するアカウンタビリティ」であり、施策そのものが適切に計画されているか否かである。例えば、子どもの読書率を向上することが目的の場合、その目的達成に効果のある事業を実施しているかなどである。

　第5段階のアカウンタビリティとは「政策に関するアカウンタビリティ」であり、政策課題そのものが適切に設定されているかに関する責任であり、図書館として本来の果たす役割、その図書館があることによってその地域に一体何を生み出したのかである。

　また、第4段階や第5段階のアカウンタビリティを果たすために施策間に大きなメリハリをつける、新たな政策へ予算を集中するなども議論

になる。これら5段階のアカウンタビリティが果たせたか否か、果たせなかったとしたらその原因や改善をどのように考えるかは、図書館への期待に応えることになる。

　自治体の図書館の事業評価をみると、「年間の利用者数」「貸出冊数」に対して「年間経費」が評価指標として用いられているケースが多くあり、これはサービスの効率性評価であり、第3段階のアカウンタビリティである。年間の利用者数は図書館の活用状況と行政コストの把握には必要であるが、年間の利用者数を評価することで手に入れようとしているアウトカムや社会的成果といった上位のアカウンタビリティが不明である。単に評価指標を設定した場合、改善のためのフィードバックがもたらされないだけではなく、評価のための評価となる。

### 3．図書館および自治体が連携して果たすアカウンタビリティ

　アカウンタビリティを果たしていくには、図書館自体のマネジメントだけでは不十分である。

　経営行動は、「経営部門」と「執行部門」に大別でき、「経営」「経営管理」「業務管理」の3層によりマネジメントされている。

　最も上位の「経営」は、組織の経営戦略の策定、外部環境に対応した組織の構築、経営資源の戦略的配分などの行動を指し、経営トップ層が担当する。図書館でいえば館長、さらには設置者である自治体がその責を担う。

　中位の「経営管理」は、経営戦略を受けた経営計画の策定・管理、施策や事業計画実施のための支援、組織全体の効率的な管理運営などの行動を指し、管理職層が担当する。図書館でいえば、事業ごとの責任者がその責を担う。

　下位の「業務管理」とは、事業計画の実施、予算の実行、個別事業の実施と管理、現場での効率的業務改善など指し、現場職員がその責を担う。

　また、評価主体によって「内部評価」と「外部評価」に大別できる。組織内で目的が達成されるように行う組織内で行う評価は内部評価であ

り、執行部門自らが実施する場合と自治体が図書館を評価する場合などがある。この場合は、執行の効率化と目標管理が目的となる。

　外部評価とは、監視部門や専門家が評価する場合をいい、内部では気がつかないことや専門的な観点や政策的な観点から指摘する。また、情報公開も広い意味の外部評価であり、住民にとって政策が妥当であるかフィードバックをもらうことが目的である。

　図書館と同様に、NPM改革の流れの中でマネジメント改革を実施した博物館も多い。その草分け的存在である静岡県立美術館での評価の全体像は、「館長公約」「重点目標」「評価指標・達成目標」「アクションプラン」の4つの要素からなっており、使命を明確化し、戦略目標を立てて評価、経営に活かすという戦略計画方式による自己評価システム[13]としている。館自身の自己評価の2次評価を実施する「静岡県立美術館第三者委員会」を設置し、外部評価を実施している。さらには、展覧会の外部レビューなどをはじめ、必要に応じて外部専門家によるレビューが、現在まで継続されている。

　評価の特徴には以下の5つがあり、図書館のアカウンタビリティを果たす上で参考になる事例である。

①戦略計画方式によって美術館にPDCAサイクルを定着させていること
②館長の責任と権限、役割を明確（成果の契約）にし、現場での裁量権を行使できる体制にしていること
③外部の支援体制（経営ボード）を評価委員会として確保し、自律的な経営を推進していること
④第三者委員会により外部評価を実施し、県庁と美術館がそれぞれの役割を果たしているかを評価していること
⑤評価結果を可能なかぎり公開し、日々の改善に結び付けていること

　さらには、図書館運営に関するマネジメントを、3つの階層レベルで整理する。

①ガバナンスレベル（設置者、議会）

　図書館の政策：図書館を核とした文化政策や自治体政策に関する評価と支援

②マネジメントレベル（図書館長）

　図書館の使命の明確化と潜在価値を活かすための戦略；使命と中期計画、使命に基づく予算執行、職員の人事・育成、他館・他施設との連携など

③オペレーションレベル（図書館職員、司書、自治体の管理部門）

　現場における日々の業務；さまざまな企画実施、利用者の満足度の向上、サービス、業務手順の効率化、業務改善など

　オペレーションレベルでは、さまざまな改善や取り組みを実施し効果を挙げている図書館は多い。このような図書館現場職員の継続的な取り組みを支え、進化させるのがマネジメントレベルでの取り組みである。責任者である館長の役割を明示し、館全体の戦略を定めていくことが必要である。そして、それらを評価しつつ支援することがガバナンスレベルのマネジメントであり、自治体の責任である。

　また、評価の目的や種類によって毎年実施した方がよいものと、3〜5年といった中長期でやったほうがよいものとがある。第4段階や第5段階の評価はすぐに結果がでるものではなく、毎年評価できるものではない。上位の段階になればなるほど評価は難しい。文化や教育をどのように評価するのかという問題にもなる。評価の階層を整理して考える必要がある。

　最近、図書館の編集力、編集による地域づくりというキーワードをよく耳にする。

　住民個々人がもつ個人の知識やスキルを、図書館という場をいかして、組織知ならぬ地域知に変えていくことをいう。図書館運営は、行政改革を経て効率性の達成と同時に図書館の役割を果たすことが必要とされている。図書館の役割やミッションは、その地域に応じて各々違いが

あり、時代によっても変化する。図書館マネジメントとは館自体は経営的視点から体制を整え、行政内部、そして地域と図書館との深いつながりをつくりながら、イノベーションを起こしていくことが最終目的であろう。

## 注

1) 日本語訳にあたっては、山本順一（2015）『図書館概論』ミネルヴァ書房、3-4 頁を参考にしながら翻訳した。
2) ランガナタン（1892-1972）はインドの図書館学の父と呼ばれ、コロン分類法 の創始者として世界的に著名な学者。「図書館学の五法則」（The five laws of library science）は 1928 年に執筆され、1932 年に発表された。
3) 水沼友宏（2018）「公立図書館における指定管理者制度導入館と非導入館の提供サービスの比較」筑波大学、図書館情報メディア研究科、博士論文。
4) 議論の整理には、文部科学省「公立社会教育施設の所管の在り方等に関するワーキンググループ」の資料、議事録等を参照（文部科学省 HP http://www.mext.go.jp/b_menu/shingi/chukyo/chukyo2/012/index.htm 2019.11.20 閲覧）。
5) 文部科学省（2019）「平成 30 年社会教育調査中間報告」1 頁。
6) 内発的発展は地域研究ではオルタナティブな発展を求める思想として広く共有されている。
7) 文部科学省「資料 1　公立社会教育施設の所管の在り方等に関するワーキンググループにおける論点整理」を参照（文部科学省 HP http//.mext.go.jp/b_menu/shingi/chukyo/chukyo2/012/attach/1406489.htm 2019.11.20 閲覧）。
8) NPM 改革による図書館運営及び評価とマーケティング活用については、永田潤子（2013）「図書館経営の評価とマーケティング」安藤友張編著『図書館制度・経営論—ライブラリー・マネジメントの現在』ミネルヴァ書房、124-142 頁にも整理している。
9) 関係性マーケティングとは「売り手と顧客が相互作用、双方向コミュニケーションを通して信頼性を構築しながら、立場を超えて一体化することにより、新しい価値を創っていくというコンセプトであり、「関係性の主体」「関係性の内容」「発展プロセス」の 3 つの視点からアプローチされる。
10) 大住壮四郎（2007）「公共組織への市民価値に基づく戦略パターンの適用」『関東学院大学（経済系）』232 集、40-41 頁。
11) 岐阜県立図書館 HP　www.library.pref.gifu.lg.jp/gaiyo/top.html（2019.11.20 閲覧）
12) Stewart, J.D.（1984）'The Role of Information in Public Accountability,' In: Hopwood, A. and Tomkins, C.R.（eds）（1984）"*Issues in public Sector Accounting,*" Philip Allan（Oxford）, pp.13-34.
13) 静岡県立美術館 HP　http://spmoa.shizuoka.jp/outline/evaluation/（2019.11.20 閲覧）

## 参考文献

安藤友張編著（2013）『図書館制度・経営論—ライブラリー・マネジメントの現在』ミネルヴァ書房
大住荘四郎（1999）『ニュー・パブリック・マネジメント—理論・ビジョン・戦略』日本評論社
片山善博・糸賀雅児（2016）『地方自治と図書館—「知の地域づくり」を地域再生の切り札に』勁草書房
柳与志夫（2015）『文化情報資源と図書館経営—新たな政策論をめざして』勁草書房
山本順一（2015）『図書館概論』ミネルヴァ書房
伊東直登（2017）「複合施設における図書館の運営とサービス—塩尻市立図書館の事例を中心に」『図書館界』69 巻 2 号、87-93 頁
越水一雄・羽島剛史・小林潔司（2006）「アカウンタビリティの構造と機能—研究展望」『土木学会論文集 D』62 巻 3 号、304-323 頁

# 第2章

# 公立図書館の運営形態と今日的課題

## I. はじめに

　戦後日本の公立図書館は、日本図書館協会が公共図書館の普及に向けて取りまとめた『中小都市における公共図書館の運営』（『中小レポート』）（1963年〔昭和38年〕）や『市民の図書館』（1970年〔同45年〕）を理想形として、全国各地で図書館の充実が取り組まれ、高度経済成長による比較的ゆとりのあった予算を背景に、図書館数、貸出冊数とも飛躍的な伸びを見せた。

　しかし、1980年代以降、景気低迷等による地方公共団体の財政難やこれを受けた行政改革の流れの中で、運営や施設管理に係る予算が削減されるなど、公立図書館は厳しい局面に立たされることとなった。これに対応するため、各公立図書館は、業務の合理化による経費節減や業務の委託化、職員の非正規化などを行ってきた。

　このような情勢の中、2003年（平成15年）6月の「地方自治法改正」により「指定管理者制度」が創設され、公の施設の管理を権限も含めて民間に委ねることができることとなり、公立図書館は運営方法や図書館サービスの在り方について、判断を求められる転機を迎えた。そして、指定管理者制度を導入し、民間のノウハウや人材をいかして、サービスの充実や効率的な運営につなげるものが現れる一方で、引き続き直営を維持しながらも図書館の価値を一層高めようとする動きも現れている。

　本章では、公立図書館が抱える今日的な課題を定義のうえ、指定管理者制度導入、直営といった運営形態ごとに、その対応について事例を検

証する。

# Ⅱ．公立図書館の運営形態

## 1．戦後の公立図書館の運営形態

『中小レポート』が公表されたのと同じ1963年（昭和38年）に改正された「地方自治法」において、「公の施設」が定義されるとともに、公の施設に対する「管理委託制度」が創設され、公共団体、公共的団体への管理委託が可能となった。公立図書館では長年にわたり導入事例がなかったが、1981年（昭和56年）に初めて京都市で導入され、その後、埼玉県和光市や広島市など他の地方公共団体でも導入事例が現れた。

1991年（平成3年）の「地方自治法改正」では、公の施設の管理委託を行うことのできる範囲が地方公共団体の出資法人にまで拡大され、適当と認めるときは、料金を受託者の収入とすることができることとなった。

そして、2003年（平成15年）の「地方自治法改正」で新たに「指定管理者制度」が創設され、公権力の行使も含めて公の施設の管理・運営を民間事業者などが行うことができることとなり、同時に管理委託制度は廃止された。この結果、各地方公共団体は、公立図書館を含めた公の施設の管理について、直営とするか、指定管理者制度を導入するかを、3年の猶予期間内に判断しなければならなくなった。

## 2．公立図書館における指定管理者制度の導入の特徴

### (1) 低い導入率

新たに創設された指定管理者制度は、指定管理者の創意工夫による公の施設のサービスの充実や管理・運営の経費の節減などが期待されるものであるが、公立図書館への導入については、制度創設当初から図書館関係者や研究者などから否定的な意見が多数出されてきた。主な理由として、①指定期間が短く、安定した長期雇用が保障されないことから、優れた人材の確保に課題があること、②対価を徴収してはならない図書

表2-1　指定管理者制度を導入した市区町村立図書館の推移

(単位：館)

| 年度 | 2007 | 2008 | 2009 | 2010 | 2011 | 2012 | 2013 | 2014 | 2015 | 2016 | 2017 |
|---|---|---|---|---|---|---|---|---|---|---|---|
| 導入した図書館数 | 129 | 169 | 220 | 273 | 296 | 333 | 392 | 426 | 469 | 530 | 551 |
| 全図書館数 | 3,029 | 3,045 | 3,082 | 3,114 | 3,129 | 3,154 | 3,168 | 3,166 | 3,182 | 3,203 | 3,215 |
| 導入率（%） | 4.3 | 5.6 | 7.1 | 8.8 | 9.5 | 10.6 | 12.4 | 13.5 | 14.7 | 16.5 | 17.1 |

（出所）日本図書館協会図書館政策企画委員会「図書館における指定管理者制度の導入等について」および同協会ホームページ「日本の図書館統計」の各年度のデータから筆者作成

表2-2　社会教育施設の指定管理者導入状況（2018 年 10 月 1 日現在）

(単位：施設)

| 区分 | 計 | 公民館（類似施設を含む） | 図書館 | 博物館 | 博物館類似施設 | 青少年教育施設 |
|---|---|---|---|---|---|---|
| 公立の施設数（社会体育施設は団体数） | 51,699 | 13,989 | 3,338 | 786 | 3,546 | 863 |
| うち指定管理者導入施設数 | 15,818 | 1,379 | 631 | 204 | 1,105 | 367 |
| 公立の施設数に占める割合(%) | 30.6 | 9.9 | 18.9 | 26.0 | 31.2 | 42.5 |

| | 女性教育施設 | 社会体育施設 | 劇場・音楽堂等 | 生涯学習センター |
|---|---|---|---|---|
| （つづき） | 271 | 26,704 | 1,725 | 477 |
| | 97 | 10,865 | 1,015 | 155 |
| | 35.8 | 40.7 | 58.8 | 32.5 |

（出所）文部科学省総合教育政策局調査企画課「平成30年度社会教育調査中間報告」(2019) 3 頁から抜粋

館には指定管理者側の経済的利益が期待できないこと、③図書館に関する政策立案や教育振興計画、子ども読書活動推進計画、図書館サービス計画などの企画立案に指定管理者の職員が関わることができないこと、などが挙げられている[1]。

　このような背景のもと、指定管理者制度を導入する公立図書館は徐々に増加しているものの、日本図書館協会の調べで2017年度（平成29年度）までに導入した市区町村立図書館は551館で、導入率は17.1%にとどまる（表2-1）。これは、公の施設全体での59.6%[2]や社会教育施設全体での30.6%と比較してかなり低い（表2-2）。

## (2) 導入された場合は、高い民間企業による参入率

　2017年度（平成29年度）までに指定管理者制度を導入した市区町村立図書館を、指定管理者となった団体の性格別で見ると、民間企業が81.7%と大半を占めている。2007年度（同19年度）では45.7%であった

表2-3 市区町村立図書館の指定管理者の性格

| 年度 | | 2007 年度 | | 2017 年度 | | 増加率 |
|---|---|---|---|---|---|---|
| | | 館数(館) | 割合(%) | 館数(館) | 割合(%) | (倍) |
| 指定管理者の性格 | 民間企業 | 59 | 45.7 | 450 | 81.7 | 7.63 |
| | NPO | 19 | 14.7 | 35 | 6.4 | 1.84 |
| | 公社財団 | 46 | 35.7 | 55 | 10.0 | 1.20 |
| | その他 | 5 | 3.9 | 11 | 2.0 | 2.20 |
| 合計 | | 129 | 100.0 | 551 | 100.0 | 4.27 |

（出所）日本図書館協会図書館政策企画委員会「図書館における指定管理者制度の導入等について」の各年度のデータから筆者作成

表2-4 指定管理者制度導入施設の状況（2018年4月1日現在）

（単位：施設、カッコ内：%）

| | 株式会社 | 特例民法法人一般社団・財団法人公益社団・財団法人等 | 地方公共団体 | 公共的団体 | 地縁による団体 | 特定非営利活動法人 | その他の団体 | 合計 |
|---|---|---|---|---|---|---|---|---|
| レクリエーション・スポーツ施設 | 4,982(32.7) | 4,523(29.7) | 79(0.5) | 909( 6.0) | 830( 5.5) | 1,553(10.2) | 2,339(15.4) | 15,215( 19.8) |
| 産業振興施設 | 1,839(28.2) | 928(14.2) | 17(0.3) | 1,367(21.0) | 971(14.9) | 254( 3.9) | 1,138(17.5) | 6,514( 8.5) |
| 基盤施設 | 7,297(27.6) | 10,133(38.3) | 112(0.4) | 1,459( 5.5) | 2,106( 8.0) | 437( 1.7) | 4,893(18.5) | 26,437( 34.4) |
| 文教施設 | 1,520( 9.8) | 2,383(15.3) | 39(0.3) | 1,092( 7.0) | 8,398(54.0) | 661( 4.2) | 1,470( 9.4) | 15,563( 20.2) |
| 社会福祉施設 | 704( 5.3) | 1,603(12.1) | 21(0.2) | 7,314(55.3) | 1,877(14.2) | 876( 6.6) | 839( 6.3) | 13,234( 17.2) |
| 合計 | 16,342(21.2) | 19,570(25.4) | 268(0.3) | 12,141(15.8) | 14,182(18.4) | 3,781( 4.9) | 10,679(13.9) | 76,963(100.0) |

（出所）総務省自治行政局行政経営支援室（2019）「公の施設の指定管理者制度の導入状況等に関する調査結果」4頁より引用・改変

ことから、この間の伸びも著しい（表2-3）。

　公の施設全般では、民間企業が占める割合が21.2%であり、また、公立図書館を含む文教施設に限れば9.8%に過ぎないことから、公立図書館における指定管理者制度導入の特徴として、他の施設と比べて民間企業の参入率が突出して高いことがわかる（表2-4）。

　このことについて、柳（2012）は、貸出サービス中心に構成された図書館の運営・サービスの平準化が進み、全国の図書館業務への民間企業による参入が進んでいることの現れであるとしており[3]、一定のノウハウを蓄積した民間企業が育ってきていることがわかる。

## Ⅲ．公立図書館における今日的課題

　『市民の図書館』等を理論的支柱として、個人への資料の貸出を基本

的・中核的なサービスとして位置づけ、図書館サービスの充実を図ってきた結果、『中小レポート』刊行時と比べて個人への総貸出冊数が100倍も伸びるなど、市民生活の中に図書館が定着することとなったが、一方で、市民に、図書館は「本を借りるところ」、図書館員は「本の貸出手続きをする人」、図書館では「本は自分で探すもの」と捉えられる傾向を生み出すことにもなった[4]。

このような背景のもと、今日の公立図書館に取り組みが求められている課題について、糸賀（2016）は、さまざまな分野の図書や幅広い情報源を所蔵する図書館は、他の図書館資料と組み合わせることで、その資料が単体でもっていた価値に加えて、新たな「付加価値」を生み出すことができ、これによって、自立する個人を情報提供という側面から支援するべきであると述べている。そして、利用形態の多様化を促し、貸出を含めた資料利用の総量の増大をもたらすよう、業務とサービスの構造を転換させる必要があるとしている[5]。常世田（2003）は、これからの日本が欧米のように自己判断・自己責任を全うするためには、情報の開示・透明性、情報へのアクセス権の公平性が必要であって、情報のインフラを担う公共図書館の役割は大きくなっているとしている[6]。

国においても、文部科学省の有識者会議「これからの図書館の在り方検討協力者会議」が、取り組みの視点や具体的な展開方策を取りまとめて、2006年（平成18年）に「これからの図書館像―地域を支える情報拠点をめざして―（報告）」として提言を行った。ここでは、「役立つ図書館へ変わっていくために必要な機能」として、従来の閲覧・貸出・リクエストサービス等を維持しつつ、住民生活、仕事、自治体行政、学校、産業など各分野の課題解決を支援する相談・情報提供の機能強化といった新たな視点から取り組みを実施することを求めている[7]。

これらの議論や公立図書館の置かれている厳しい財政状況を背景に、本章では次の2点を公立図書館の今日的な課題として定義づける。

まず、市民自らの課題解決の助けとなるよう、図書館機能を充実させ、また、市民に図書館の活用を促す取り組みの推進である。その実践のひとつである「課題解決型サービス」は、ビジネス支援、医療・健康

情報提供、法律情報提供など、地域における課題の解決を支援するために図書館が提供するものである。大串（2008）は、図書館の役割は、主題や課題に関連する情報・資料の調べ方や情報源のありかを積極的に知らせることによって、情報を必要としている人と資料・情報を結びつけることとしたうえで、これに積極的に取り組むことで、レファレンス・サービスが活発になり、それが地域社会の期待に応え、貸出サービスに偏りがちな地域住民の認識を変えることにつながるとしている[8]。

　2つ目は、公立図書館の効率的な運営である。安藤（2008）によると、地方公共団体が指定管理者制度の導入でどのような効果を評価したか調査した結果、経費節減が86.4％と最も高く[9]、厳しい財政状況を背景に多くの公立図書館で経費節減を重視していることがわかる。

　いずれも、今日の公立図書館が直面している重要な課題であり、指定管理者制度の創設をきっかけに、ふさわしい運営形態やサービスについて議論や検討がされたのではないかと考える。次節では、指定管理者制度を導入した事例と直営の事例とを取り上げ、それぞれがこれらの課題にどのように対応し、成果を挙げているかを検証する。

## Ⅳ．運営形態ごとの事例の検証

### 1．指定管理者制度導入事例：千代田図書館

#### ⑴ 運営形態とサービスの特徴

　東京都千代田区立千代田図書館は、千代田区役所の新築移転に合わせて2007年（平成19年）5月にリニューアルオープンした。リニューアルに当たっては、2006年（同18年）2月に「千代田区立図書館整備基本計画」を策定し、オフィス街や官庁街が集積し、また、古書店や出版社が数多く立地するという千代田区の特性をいかして、情報・知識を消費するだけでなく、創造する公立図書館として新たな社会的役割を果たそうと、これに沿った図書館運営・サービスを行うことを掲げた。さらに、指定管理者による創意工夫と専門スタッフの確保を目標に、指定管理者制度を導入することとした[10]。

指定されたのは３社の連合体であるヴィアックス・SPS グループで、３社がそれぞれの得意分野をいかしてノウハウをもち寄り、図書館サービス、総務、企画、広報などにおいて、専門のスタッフを確保することで、これまでにない斬新な図書館サービスや広報活動を展開した。

　千代田図書館の特徴的なサービスとして、千代田ゲートウェイと呼ぶ千代田区のもつ豊富な文化資源への案内機能としてのサービスのほか、ビジネスパーソンをターゲットとしたサービスが挙げられる。利用者自らの創造性の発揮を助けるセカンドオフィスとして施設提供サービスに徹するため、キャレル席の設置や LAN が使える閲覧環境の整備を行った。また、仕事帰りでもゆっくり使えるよう、平日の開館時間を午後７時から午後10時まで延長するなど、ビジネスパーソンが心地よく長時間過ごすことのできる環境を目指した[11]。

## (2) 今日的課題への対応

　リニューアル後の千代田図書館の来館者数は、直営時である 2006 年度（平成 18 年度）の 26 万人から、指定管理者制度導入の 2007 年度（同 19 年度）に 87 万人、翌 2008 年度（同 20 年度）には 100 万人と大幅に増加し、その後もおおむね 60 万人台で推移してきた。そして、平日の午後７時以降の来館者数は、目標の１日 400 人以上を軽く超えて、平均600 人近くを達成し、ねらいどおり、これまで図書館を利用しにくかったビジネスパーソンの利用の拡大を実現することができた[12]。

　一方で、効率的な運営の面では、斬新なサービスの実現のため、運営経費は直営時代と比べて増加しているが、運営経費の増加の割合をはるかに上回る利用者の増加が見られる。千代田図書館を含む千代田区立図書館（当時は、千代田・四番町・昌平まちかど・神田まちかどの４館）の年間運営コスト（整備費除く）の合計は、2006 年度（平成 18 年度）の２億9950 万円に対し、千代田図書館がリニューアルオープンし全４館で指定管理者制度を導入した 2007 年度（同 19 年度）には３億 7977 万円に増加しているが、４館合計の来館者数は、76 万人から 141 万人と倍増しており、来館者１人あたりの運営コストで見ると、394 円から 270 円と大幅に下がっている（表 2-5）。2016 年度（同 28 年度）でも 336 円と、リ

**表2-5　効果比較表（統一比較のための表）**

| | 市・図書館名 | 東京都千代田区立図書館（4館） | |
|---|---|---|---|
| | 運営者名 | ヴィアックス・SPSグループ（指定管理） | |
| | データ年度（改革前後） | 2006 | 2007 |
| 分子（効果絶対値） | A．年間の来館者数（万単位） | 76 | 141 |
| | B．年間の貸出冊数（万単位） | 65 | 71 |
| 分母（基準化単位） | X．人口規模（万単位） | 4.3 | 4.4 |
| | ω．行政コスト（指定管理に変わる場合は歳出経費＋人件費）（万円単位） | 29950 | 37977 |
| 効果指標1（人口1人あたり） | a．人口1人あたり年間の利用者数 | 17.7 | 32.0 |
| | b．人口1人あたり年間の貸出冊数 | 15.1 | 16.1 |
| 効果指標2（行政コスト 万円あたり） | α．行政コスト（万円単位）あたり年間の来館者数 | 25.4 | 37.1 |
| | β．行政コスト（万円単位）あたり年間の貸出冊数 | 21.7 | 18.7 |
| 効率指標（行政コスト 円） | γ．年間の利用者数あたり行政コスト | 394 | 270 |
| | δ．年間の貸出冊数あたり行政コスト | 461 | 535 |

$a = A/X$, $b = B/X$; $\alpha = A/\omega$, $\beta = B/\omega$, $\gamma = 10000/\alpha$, $\delta = 10000/\beta$

ニューアル前よりも抑えることができている[13]。

### (3) 運営形態による効果

　千代田図書館がビジネスパーソンを意識したサービスの充実と大幅な利用者数の増加を実現した要因としては、指定管理者制度の利点をいかして、新しいサービスを支える専門集団を形成することができたことが挙げられる。図書館サービス部門の司書資格率100%、地域資料・古文書担当への学芸員有資格者の配置のほか、経験者による専任の広報担当者の配置を実現した。柳（2010）は、このサービスの実現は、3社がそれぞれの強みを発揮することができる連合体であることに理由があったとしている[14]。

　また、図書館運営の大幅な裁量権を指定管理者に与え、その創意工夫をいかすため、資料選定、新規サービス開発、外部関連機関との連携などの基幹的業務も可能な限り指定管理者の業務範囲としたことも要因に挙げられる。これは、図書館運営・サービスの基本方針の策定、運営状況の点検・改善指導などの区の責任を明確にして、区はガバナンス、指定管理者はマネジメント・オペレーションのレベルで責任を分担し、両

者が協働しながら進めてきた結果である[15]。

## 2. 直営による運営の事例：鳥取県立図書館

### (1) 運営形態とサービスの特徴

　1990 年（平成 2 年）10 月の開館当初から直営で運営をしてきた鳥取県立図書館は、指定管理者制度創設時に県行政経営推進課の指示で制度導入の検討を行った。その結果、政策的な判断を求められる館長業務や責任・判断を要する業務およびカウンター業務、資料収集業務、市町村立図書館の運営相談、学校図書館指導などの専門性や経験の蓄積を求められる業務は直営が望ましいとの判断を行った[16]。そして、県の財政状況が厳しい中でも、現在まで年間 1 億円を超える資料費を確保しており、県民 1 人あたりの資料費は 178 円と全国一である[17]。

　鳥取県立図書館のサービスの特徴のひとつに、ビジネス支援、医療・健康情報提供、法律情報提供などの課題解決型サービスの展開が挙げられる。2004 年（平成 16 年）4 月からビジネス支援を本格的にスタートさせ、仕事に役立つ情報の提供として、資料の充実のほか、商用データベースの提供、起業・経営・特許・融資などの相談会・セミナー・講座の開催を行っている。また、利用者の相談に対して単に資料を調べて提供するだけでなく、県産業技術センターや国民生活金融公庫など、商品開発や起業を支援する組織の紹介なども図書館員が行っている[18]。

### (2) 今日的課題への対応

　鳥取県立図書館がビジネス支援を行う目的は、起業や商品開発にあるのではなく、図書館のイメージを変えることにあった。2007 年（平成 19 年）1 月に同図書館が実施した調査では、7 割近い利用者が図書館の利用目的を趣味・娯楽のためと答え、他の項目と比べて突出しているという現状を変え、図書館が仕事や生活に役立ち、個人や企業の課題解決につながる情報提供をできる可能性があることを効果的に広報しようとするものであった[19]。

　これらの取り組みの結果、レファレンス・サービスは、2008 年度（平成 20 年度）の 8200 件から 2017 年度（同 29 年度）には 1 万 3000 件と飛

躍的に増加し、また、貸出冊数についても、2008年度（同20年度）の45万冊から2017年度（同29年度）には56万冊に伸びている[20]。これは、困ったことを解決する情報が図書館に行けばあるという認知が市民に着実に広がった現れと考えられる。

効率的な運営の面では、高価な資料費は資料の充実した県立図書館でそろえ、これを県内で有効に活用できるよう、県内の図書館の蔵書を横断的に検索し予約できるシステムを早くから構築し、県内のどの図書館にも2日以内に配送できるよう物流の整備を行った。これにより、県内の各市町村立図書館や類縁機関は、資料費を抑えながらも充実したサービスを実現することができることとなった。

⑶ 運営形態による効果

鳥取県立図書館の充実したサービスを支えたのは、充実した資料費と、これをいかすことのできる専門集団の存在である。同館が課題解決型サービスに取り組む過程で、利用者からの要望に対する調査や利用者への助言を通じて図書館員のスキルの向上が図られるとともに、図書館員による関係機関などとの人脈が広がり、これがさらなる利用者の課題解決を支えるという好循環を生んでいる[21]。

県内の市町村立図書館や類縁機関との間で予約システムと物流システムを構築し、県域全体で予算を有効に活用できる体制を整えることができたのは、直営館である県立図書館がイニシアティブを取ったことによる成果であったといえよう。


# Ⅴ．運営形態による今日的課題への対応の考察

## １．課題解決につながる図書館機能の充実と新たな活用の促進

公立図書館の今日的課題に対する実践について、運営形態ごとにその効果を検証する。

まず、市民自らの課題解決につながる図書館機能の充実と新たな活用の促進について、千代田図書館では、ビジネスパーソンをターゲットにしたサービスを、3つの民間企業で構成された指定管理者が、それぞれ

が培ったノウハウや人材を持ち寄ってこれを実現した。従前の千代田区における人事制度の運用では、専門集団の形成が難しい中、指定管理者制度を活用して専門スタッフを確保し専門集団の形成が可能となった点で、指定管理者制度は効果的であった。この千代田図書館の事例は、同制度を導入した全国の公立図書館の中でも特殊なものであろうが、同制度を活用した専門集団の形成と充実したサービスの実現の可能性を示している。

　一方で、直営の鳥取県立図書館では、課題解決型サービスを展開することで、新たな活用の促進につなげることができた。これは、県職員である図書館員が、レファレンスや外部機関との連携などの積み重ねを通じてスキルの向上を図り実現したものであった。つまり、現行の公務員制度の枠組みでも、実践を通じた人材の育成を継続して行えば、図書館機能の充実や新たな活用の促進の実現は可能であることを示している。

## ２．効率的な運営

　効率的な運営に関しては、千代田図書館は、指定管理者制度を活用して経費の大幅な増額を行うことなく革新的なサービスを実現することができた。

　一方で、政令指定都市の中でいち早く図書館に指定管理者制度を導入した北九州市は、サービスの向上を１時間の開館時間延長や司書率の向上を求めるにとどめて、大幅な経費節減を実現し、その一部を資料の充実に充てた[22]。指定管理者制度を導入した地方公共団体には、経費節減を主眼に置き、付随してサービスの向上を求めているというのが本音であるところもかなりの割合で含まれているであろう。

　しかし、経費節減の効果について、図書館単体で見た場合では指定管理者制度の優位性は認められるが、当該地方公共団体単位や県域全体で見た場合での優位性は、今後検証が必要であると考える。

　鳥取県立図書館は、充実した資料を県内で共有することで、県域全体で限られた予算の効率的な活用を図った。また、県立図書館を県教育長に直結させることで、県庁内での意思疎通の円滑化や事務処理の効率化

を実現している。

　いったん指定管理者制度を導入した福岡県小郡市立図書館は、図書館業務に直接携わっていない生涯学習課が財務会計処理や備品購入、施設修繕などの事務手続きを行うなど、迅速な意思決定や対応の面で非効率であるという理由で、2009 年度（平成 21 年度）に直営に戻している[23]。

　田井（2019）は、指定管理者制度導入後、図書館管理業務が教育委員会等へ移行している場合があり、教育委員会内における図書館管理のための人件費は、指定管理によって新たに生じる経費であって、いわば「隠れ図書館費」であると指摘したうえで、指定管理者制度導入による経費削減はわずかであり、増加している事例も多いと述べている[24]。

## VI. おわりに

　事例を通して、公立図書館における今日的課題に対しては、指定管理者制度導入、直営のいずれの運営形態であっても対応が可能であることがわかる。今後の公立図書館に求められるのは、地域の知の拠点として市民にとっての価値を高めることであり、それを実現するために、それぞれの地方公共団体は、地域の課題や市民のニーズ、地域資源を把握のうえ、提供するサービスの選択、必要な財源の確保、サービスを実現できる人材の育成・確保などを総合的に検討・判断し、図書館を運営していくことが必要である。

　全国の公立図書館で行われてきたさまざまな実践の成果をいかして、市民の読書環境をさらに充実させるとともに、市民の知る権利を保障し、市民生活に役立つ図書館が増えることを期待したい。

　＊本章は、次の論文を加筆・修正してまとめ直したものである。
　　樹下康治（2016）「公共図書館の運営形態による今日的課題への対応に関する考察―指定管理者制度導入と直営との比較―」『現代の図書館』54巻 1 号、12-19 頁。

# 注

1) 日本図書館協会（2016）「公立図書館の指定管理者制度について―2016」『図書館雑誌』110巻11号、723-729頁。

2) 総務省自治行政局行政経営支援室（2019）「公の施設の指定管理者制度の導入状況等に関する調査結果」2頁。ただし、都道府県立の施設のみの数値（市区町村立の施設の数値は公表されていない）（http://www.soumu.go.jp/iken/main.html 2019.11.30閲覧）。

3) 柳与志夫（2012）「社会教育施設への指定管理者制度導入に関わる問題点と今後の課題―図書館および博物館を事例として―」『レファレンス』62巻2号、83-84頁。

4) 文部科学省 これからの図書館の在り方検討協力者会議（2006）「これからの図書館像―地域を支える情報拠点をめざして―（報告）」11頁（http://warp.da.ndl.go.jp/info:ndljp/pid/286184/www.mext.go.jp/b_menu/houdou/18/04/06032701/009.pdf 2019.11.30閲覧）。

5) 片山善博・糸賀雅児（2016）『地方自治と図書館―「知の地域づくり」を地域再生の切り札に』勁草書房、158-164頁。

6) 常世田良（2003）『浦安図書館にできること―図書館アイデンティティー』勁草書房、135-137頁。

7) 文部科学省 これからの図書館の在り方検討協力者会議、前掲（注4）87-88頁。

8) 大串夏身（2008）「課題解決型サービスを提供する意義について」大串夏身編『課題解決型サービスの創造と展開』青弓社、16頁。

9) 安藤友張（2008）「公立図書館経営における指定管理者制度導入に関する現状調査」『日本図書館情報学会誌』54巻4号、259頁。

10) 千代田区教育委員会図書文化財課（2006）「千代田区立図書館整備基本計画」2-5頁。

11) 千代田図書館（2015）『平成26年度千代田区立図書館活動報告』2-25頁。

12) 柳与志夫（2010）『千代田図書館とは何か―新しい公共空間の形成』ポット出版、44頁。

13) 各年度の『千代田区立図書館年報』の統計資料および『事務事業コスト一覧表』から算出。

14) 柳、前掲（注12）58-59、68-69頁。

15) 総務省自治行政局行政体制整備室（2008）「平成19年度地方行政改革事例集（平成20年1月末現在）」（http://www.soumu.go.jp/iken/pdf/080305_4_2.pdf 2019.11.30閲覧）。

16) 松田精一郎（2006）「「指定管理者制度」を図書館に導入しなかった理由―鳥取県の場合」『みんなの図書館』349号、11-13頁。

17) JLA図書館調査事業委員会（2019）「都道府県図書館の統計―『日本の図書館』2019年調査票より―」『図書館雑誌』113巻8号、518-520頁から算出。

18) 猪谷千春（2014）『つながる図書館―コミュニティの核をめざす試み』筑摩書房、68-73頁。

19) 小林隆志（2008）「仕事や生活に役立つと認知される図書館になるために―鳥取県立図書館のビジネス支援事業」大串夏身編『課題解決型サービスの創造と展開』青弓社、22-23頁。

20) 鳥取県立図書館（2012）「平成24年度鳥取県立図書館のすがた」14頁、同（2018）「平成30年度鳥取県立図書館のすがた」16-18頁。

21) 小林、前掲（注19）28-29頁。

22) 2005年度から一部の図書館で指定管理者を2者選定し、経費については、1者は前年度の1億円から毎年2800万円の削減を、もう1者は前年度の9000万円から毎年3100万円の削減を実現するとともに、資料購入費を1000万円増額することができた。北九州市「指定管理者の評価結果について（平成19年度）―第三者評価」（http://www.city.kitakyushu.lg.jp/soumu/25800020.html 2019.11.30閲覧）。

23) 小郡市（2011）「小郡市行政改革行動計画〈平成19～23年度〉」10頁。

24) 田井郁久雄（2019）「データでみる指定管理者制度の実態―サービスと経費」『図書館界』70巻6号、639頁。

# 第3章

# 都道府県立図書館と
# 市区町村立図書館の関係

## Ⅰ．県立図書館と市立図書館の状況

### 1．県立図書館と市立図書館の状況

　公立図書館の設置状況は、2018年（平成30年）4月1日時点、都道府県が100％、市区は814中804、町村は927中528となっている（公益社団法人日本図書館協会〔以下、JLA〕(2019)『日本の図書館2018』より）。設置過程は、市区町村立図書館（以下、市立図書館）が先にできた自治体もあるが、戦前の段階で、神奈川・兵庫・広島以外は都道府県立図書館（以下、県立図書館）を有していた。

　公立図書館をとりまく環境が大きく変化する中、国と市町村の間の中間的な位置づけである広域自治体の図書館である県立図書館は、市立図書館とは異なる役割が期待される。公立図書館と一口にいっても、各自治体の状況はさまざまであり一概には論じられないが、戦後、長らく市立図書館が公立図書館の中心とされ、その役割等について理論が構築され議論も行われてきた一方、県立図書館は、市立図書館の援助が第一義的であるとする考えが支配的で、独自の機能についての議論は不足してきた。

　そこで本章では、市立図書館との関係性における県立図書館の機能に関するこれまでの議論・先行研究を整理し、広域自治体である都道府県の施策の一環として県立図書館を位置づけ、今後の県立図書館の機能についての考察を行う。なお、本章における意見はすべて筆者の個人的見解であり、なんら所属を代表するものではないことをあらかじめ申し述

べる。

## ２．県立図書館と市立図書館の機能に関する見解や基準等

　JLA（2013年〔平成25年〕12月以前は社団法人）は、1963年（昭和38年）、「中小都市における公共図書館の運営」（いわゆる「中小レポート」）を、また1970年（昭和45年）には『市民の図書館』を公表し、ともに日本における公立図書館のあり方に大きな影響を与えた。中小レポートにより、戦前の大規模図書館中心・主導型から、中小図書館こそが公立図書館の中心という考え方へ転換した（薬袋 1984）。JLAはさらに、1989年（平成元年）、「公立図書館の任務と目標」（2004年〔平成16年〕3月改訂）を公表し、その中で、大多数の住民にとって、身近で利用しやすいのは市立図書館であるから、県立図書館は市立図書館への援助を第一義的な機能と受けとめるべきであるとして、市立図書館中心の考え方を明確にし、県立図書館が有する資料と機能は、多くの場合、市立図書館を通じて住民に提供される、としている。また、県立図書館は市立図書館を指導・調整するという関係ではないこと、県立図書館であるということを理由に全く個人貸出を行わないとか、児童サービスを実施しないということがあってはならない、としている。

　文部科学省による2001年（平成13年）告示「公立図書館の設置及び運営上の望ましい基準」では、「都道府県立図書館は、住民の需要を広域的かつ総合的に把握して資料及び情報を収集、整理、保存及び提供する立場から、市町村立図書館に対する援助に努めるとともに、都道府県内の図書館間の連絡調整等の推進に努めるものとする。」とされていた。さらに、その改正版の2012年（同24年）告示「図書館の設置及び運営上の望ましい基準」（以下、基準）では、県立図書館の役割の1番目に、「域内の図書館への支援」が示されている。

# II．県立図書館と市立図書館の機能に関する議論

## 1．県立図書館の機能論について

　中小レポートの作成に中心的な役割を果たした前川は、公立図書館による資料提供は国民の知る自由を保障するもので、住民に身近な市立図書館が公立図書館の中心であり、市立図書館の自立的発展を支えることが県立図書館の存在意義であると捉え、県立図書館は市立図書館を通して県民に資料提供等サービスを行うのが現実的だとして、県立図書館の役割として、①市立図書館と同様の直接サービス、②県教育委員会による市立図書館振興への支援、③協力貸出と書誌情報の提供、④資料保存、⑤市立図書館運営への協力、⑥社会的圧力または障壁からの市立図書館の擁護、を挙げている（前川 1995）。

　戦後の県立図書館の機能に関する包括的研究の代表として、薬袋（1984、1985、1986）は、県立図書館の体系的な研究、機能論の不在を指摘している。薬袋は、県立図書館の目指すべき方向を、市立図書館の自立的発展を促し、支えるという「協力・援助型」の図書館であるとして、この図書館像を軸に時期区分を行っている。薬袋は、中小レポートと前川の論を評価しているが、市立図書館への援助については、納税者である住民へのサービスと異なり、法的・制度的根拠が必要とする点と、県立図書館が市立図書館と同じ業務をすることで市立図書館をよく理解できるという考え方に対しては、県と市では根本的に住民・行政との関係性が異なるので、それだけで理解できるとはいえない、としている[1]。

## 2．最近の議論について

　県立図書館の機能論の新たな議論として、新（2006）と渡邉（2006）による注目すべき論考が登場した。

　新は、県立図書館における議論の軸として、①直接サービス（第一線図書館機能）／間接サービス（第二線図書館機能）、②機能分担論／全面的サービス論、の2つを設定した。①は、来館／非来館を問わず利用者

に対して直接行われるのが直接サービスで、協力貸出や協力レファレンスなど市立図書館を通して利用者に提供されるのが間接サービスである。新は、職員や資料などは両者共通の資源となるため、両者はどちらか一方が多ければもう片方は少ないというような関係にはないが、資源分配の点では対立する可能性が出てくるとしている。②はサービスの範囲を規定するもので、県立図書館と市立図書館がサービスにおける異なった機能をそれぞれ担うのが機能分担論で、分担に固執せず、県立図書館はその役割において必要なサービスを行うのが全面的サービス論である。

　新は、県によって状況は異なるとしつつ、サービスエリアの（地理的）限界と市立図書館、とりわけ広域の中心となる大規模市立図書館の発展によって、県立図書館では高度な直接サービスにその存在意義を託すことは困難になると予想している。そのうえで、今後の県立の３つのベクトルとして、県立図書館特有の直接サービス[2]、間接サービス、発展への支援、をあげ、間接サービスの展開と、市立図書館の発展への支援として、市立図書館への恒常的な補助政策と、米国の州立図書館を参考として、コンサルティング、プランニング等の多様な支援プログラムの可能性を論じている。

　一方、渡邉は、県立図書館の主たる任務を市町村支援とする見方（市町村支援論。以下、支援論）が定説化していることを批判的に分析している。支援論が定説化してきた背景はいくつかあるとしつつ、何よりも県立図書館の規模が相対的に大きかったという事実からであり、従来の図書館サービスの大部分が資料提供であり、蔵書面において県立図書館は高い能力を有していたからであると指摘する。そのうえで、市立図書館が充実してくると、その市立図書館を支援しうるだけのリソースを県立図書館が備えることは困難であるから、市立図書館支援は限定的なものとなるという。渡邉は、支援論を否定するものではないとしつつ、支援論の要諦が県立図書館による蔵書面での市立図書館のバックアップである以上、そこには本質的に冗長性が内在し、財政効率化が求められる状況では、支援論がかえって県立図書館の存在意義を危うくしかねないと

警鐘を鳴らしている。

### 3．都道府県としての機能に関する整理

　ここでは、中間的自治体としての都道府県の性質が、県立図書館の機能にも深くかかわるため、都道府県の機能論に関する議論を補足する。

　都道府県の機能は、「地方自治法第2条第5項」で、①広域機能、②連絡調整機能、③補完機能、が規定されている。①広域機能は、市町村域を超える土地利用や環境規制、広域防災や危機管理、広域的交通網の整備や河川・海岸の管理、森林保全、高度医療など、広域にわたるものを対象とする。②連絡調整機能は、国と市町村の間に位置する都道府県が国からの情報を市町村に連絡し、市町村間を調整する。③補完機能は、市町村が独力では困難な事務を代替するもので、2000年の改正以前の地方自治法では、図書館は、高等学校、博物館、美術館、体育館、病院等と並んで、補完機能の一例として列挙されていた。その他、規定はないが擁護・支援機能も一般的に含められる[3]。補完機能は、一般に市町村合併等により市町村規模が拡充してきたため、従来より縮小していると考えられ、また地方分権から市町村優先という考えが導かれ、都道府県は広域機能や支援機能を重視していくべきだとする見解もある。

　都道府県の機能論から県立図書館の機能の説明を試みるものは、薬袋（1984）や渡邊（2016）など複数みられるが、各機能をそれぞれ明確に位置づけて整理しているものまでは見当たらない。本章では、以後の議論の参考とするため、都道府県の機能論をもとに、県立図書館の機能を図3-1のように整理する。

　図3-1は、縦軸は下方が市立図書館未整備・未成熟の状況、上方が整備・拡充されている状況とリンクする。横軸は、間接サービスは支援機能、直接サービスは、都道府県が住民に対し直接的に企画・立案・執行していくという点で、市町村支援と対置されるものであり、広域機能と位置づけられる。この広域機能の意味は、市立図書館が未整備・未成熟だった時代には、全県的サービスを補完するという当時における広域的課題への対応のために市立図書館を代行し（図3-1のC）、市立図書館の

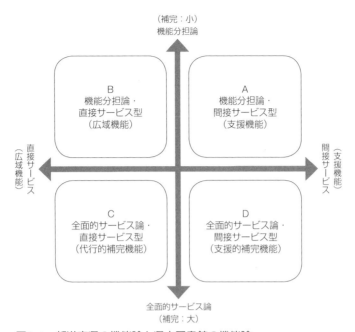

**図3-1　都道府県の機能論と県立図書館の機能論**

(出所) 新 (2006) の2軸を都道府県の機能論と融合させ、筆者作成

整備・拡充が進むと、大規模以外の市立図書館単独では実施が難しい、調査研究や課題解決支援機能等の高度・専門性を担う役割（図3-1のB）へと変化してきていると捉えることができる[4]。先の新と渡邊を図3-1で位置づけると、おおよそ、新はA、渡邊はBを重視することになる。

　なお、便宜的に4つのカテゴリにわけたが、実際の機能は多様で、いずれか1つのカテゴリに画一的に位置づけられるものではないし、筆者もそうすべきと考えているわけではない。

## Ⅲ. 県立図書館の運営方針等の見直しからみる機能

### 1. 県立図書館の運営方針等に関する先行研究

　運営方針等の見直し過程の議論や内容をみていくことで、各県立図書

館が自らの機能をどのように捉えているか確認する手がかりとなる。

　各県立図書館の構想や運営方針等を調査したものとして、田村・三井（1990）によると、県立図書館のサービス提供理由は市町村と共通のものが多く、県立図書館がこの種のサービスをあえて行う意義の再検討が必要と指摘されている。他にも、大串（1986）、濱田（2009）、石原（2017）などによるものがあるが、全体的に、従来からの通説や文科省の基準に従って総花的にサービスを掲げているところが多く、県立図書館として何を重視しているのかが曖昧になっているという指摘がなされている。

## ２．北海道立図書館、東京都立図書館

　以下では、比較的近年に機能の見直しが行われた、県立図書館を取り上げる。

　北海道は、道内の図書館設置率が低い中、従来は市立図書館の支援を中心的に行っていたが、全道的サービス向上のために、2006年（平成18年）よりインターネットを利用した道民への直接貸出等を本格実施した。道民にとってはサービス向上である一方、道内のすべての市立図書館との二重行政を顕在化させてしまった（図3-1のDからCへの変化）とも捉えられている（渡邉 2006）。

　一方、東京都は、都内の市立図書館（区立も含む）の整備状況は充実しており、従来から都立図書館では貸出は行っておらず（かつての都立日比谷図書館は行っていた）、閲覧または市立図書館を経由した貸出を行っていたところ、2001年度（平成13年度）の行政評価で見直しを迫られ、検討委員会等での検討を経て、2005年（同17年）に発表した「都立図書館改革の基本的方向」[5]にて、市立図書館の支援に加え、「課題解決型の情報サービス」と「都政への貢献」を、都立図書館の中核的役割として改めて位置づけ、従来の支援論にとらわれない姿勢が示された（図3-1のAからBへの変化）。実際、都立図書館が、市立図書館へ協力貸出の制限を行った際、来館者利用を優先させるためとの説明がなされていた（新 2006）。

## 3．神奈川県立図書館再整備に関する議論

　神奈川県では、2012 年（平成 24 年）10 月、「神奈川県緊急財政対策」[6]
がとりまとめられ、一連の検討過程で、県立図書館は「市町村立図書館
との役割分担を精査しながら、県立図書館の機能を純化し、効率化に向
けて検討」、「具体的には、閲覧・貸出機能を廃止し、県内の公立図書館
間の相互貸借システムの運営など広域的サービス等について、市町村図
書館とも協議しながら、検討する」（以下、県機能純化論）とされた[7]。

　県機能純化論の具体的なイメージは、県内全市町村の図書館主管課お
よび図書館を対象に行われた「県立の図書館のあり方に関する意見交換
会」の資料[8]によると、今後の県立図書館の取組みとして、「市町村支
援機能の充実」、「新しいネットワークのセンター機能」を掲げ、県と市
町村との役割分担を改めて確認し、専門的な資料についてのみ収集、デ
ポジット・ライブラリー（市町村との協働保管庫）化の検討、KL-NET
（県内の相互貸借ネットワーク）、司書研修および協力レファレンスの充実
等による市町村支援の強化、そして新しい図書館サービスの研究・開発
が検討されている。市立図書館支援中心という方向は中小レポート以降
の支援論と合致するが、従来の支援論では、県立図書館も市立図書館を
理解するために閲覧や貸出等直接サービスを実施すべきとしていたこと
から、県機能純化論は従来の支援論とは一線を画す（図 3-1 の B 特化）。

　これは新聞等でも大きく取り上げられ[9]、住民や図書館関係機関[10]か
らの反対や、議論の不足を批判する意見が多かった。市立図書館側から
は、意見交換会等で、財政緊縮、廃止・縮小ありきではないか、財政状
況が厳しいのは県だけではなく市町村も同様である、県立図書館として
のビジョンが見えてこない、県が閲覧・貸出をやめると、その分の実務
的・費用的負担が市立図書館側にまわされ、市町村の負担が増える、閲
覧までやめてしまうと、雑誌等の貸出できない資料はどう対応するの
か、閲覧・貸出の機会を制限することは住民の利便性低下につながる
等、多くの意見がでてきた[11]。一方、財政が厳しい中、閲覧やレファレ
ンスは維持してほしいが、貸出は必ずしも県でする必要があるとも限ら
ない、等、両者の役割をこの機会に議論しようとする意見もみられた。

結局、財政対策の鎮静化や、実務的な困難さ、世論の反対等から直接サービスも継続することになったが、見直し過程での議論は、県立図書館のサービス範囲の見直しや、支援機能の特化の具体例（極端ではあるが）が示されるなど、示唆に富むものであった。

　ただし、県機能純化論は、県立図書館としての閲覧や貸出を、市立図書館との重複・二重行政と捉えたうえでの案であり、県立図書館としての独自の直接サービス、つまり県としての広域機能の意義（図3-1のB）を見落としている点は指摘できよう。閲覧、貸出やレファレンスに限っても、確かに市立図書館と重複する部分も多かろうが、両者は蔵書の収集基準も異なり、県立図書館が自らを例えば「調査研究型」として高度・専門的な蔵書やデータベースの収集、閲覧・貸出、高度なレファレンスを行う直接サービスも、県の広域機能として行う意義があるという点が欠けており、県の機能の捉え方として、支援機能のみ取り上げているという点は課題として指摘できる。ただ、ここには、財政緊縮の中、高度・専門性といった機能は評価が非常に難しく、予算を継続的に確保しにくいという点は大きな壁となる。

　筆者は県機能純化論を支持するわけではないが、財政が厳しく、図書館サービス実績も低調が続く中では、今後の県立図書館のあり方として一概に否定されるものではなく、あえて積極的な意義を見出すとすれば、県立図書館の機能論に関する膠着状態を打破する機会となりえたのではないかと思われる。

### ４．高知県立図書館と高知市立図書館の一体型整備

　高知県では、2018年（平成30年）7月24日、全国初となる、高知県立と高知市立図書館が一体化した、図書館等複合施設「オーテピア」が開館した。新図書館整備については、新図書館基本構想検討委員会で、両図書館の役割、機能を確保したうえで、窓口や開架書架などを共有する「一体型」により、両者の蔵書を利用できること、選書の効率化とそれによる蔵書の充実化、一体型により重複する業務を整理統合し効率化することで、両図書館の独自の機能をこれまで以上に発揮することがで

きる、というメリットが掲げられた[12]。検討過程では、県立図書館の貸出等直接サービスの実施を市立図書館に委託するという手法も検討されていた。この案は最終的には実現しなかった[13]が、貸出等直接サービスは、市立図書館と重複する業務であるから委託し、その分県立図書館は、余力を県独自の機能としての市立図書館支援や県内連携等に注力すべきという考えがうかがえる。これは、貸出等直接サービスの実施は県立図書館にとって必須なのか、さらに、その実施主体に関する議論にもつながりうる。

　結論としては、当該自治体の状況、特に市立図書館の整備状況等により県として決めるべきということになる。東京都のように市立図書館が整備されていれば、都立図書館として市立図書館を補完的に代行するような貸出等直接サービスを実施する必要性は低くなるであろうが、高知県のように県内設置率が低い自治体では、県民の利便性のために、県立図書館が市立図書館を補完的に代行する必要性は高まる[14]。ただ、今日において、その必要性は従前ほど高くはなかろう。

　逆に、巨大な県立・市立図書館が設置されると、近隣の市立図書館にとっては、利用者が奪われるという危惧、あるいは、県立図書館が利用者への直接サービスを重視することで県立図書館の蔵書や職員といったリソースがそちらに割かれてしまい、市立図書館への協力や支援が弱まってしまうという危惧もある（大規模図書館として直接サービスを実施するという面を強調すると、図3-1のC）。ここでも、県立図書館と市立図書館の微妙な関係性が今後どうなっていくか、注目される。

　県立・市立図書館の合築について、「全県に県立図書館が設置される時代の終わりの始まり」（渡邉 2016、45頁）と見ることもできるとされているように、合築の例が広がると、優位性を保てない県立図書館は、市立図書館に従属する形で合築するような事例もでてくるかもしれない。今後、県立図書館の存在意義が根底から問われる時代がくると予想される。

## 5．事例をとおして明らかになったこと

　北海道と東京都、さらに機能に関する根本的な議論がなされてきた、神奈川県と高知県の事例から以下のことが明らかになった。

　まず1点目、県立図書館の第一義的機能は市立図書館の援助であるという従来の支援論、さらに、県立図書館は市立図書館の支援のためにも貸出や閲覧等直接サービス実施が必須という考えは、やはりもはや自明とはいえない。支援自体の必要性がなくなるわけではないが、市立図書館の拡充や機能分担の流れから、市立図書館支援が必ずしも第1の機能ではなくなってきている。また、市立図書館支援のノウハウ蓄積のために貸出等直接サービスを実施すべきという従来の考えも必然性を失いつつある。貸出等直接サービスの実施主体として、従来の支援論からすると、委託や指定管理等の多様な運営主体は想定されておらず、県立図書館は市立図書館支援のために自らも同様のサービスを（原則は直営で）実施すべきとされていた。しかし、図書館員の専門性に関し、根本（2011）は、利用者への貸出やレファレンスといった実践をとおして、利用者や資料を知り専門性が高められるという主張に対し、これらは一種の経験知であり、経験知や現場経験は重要ではあるが、大学等専門職教育での具体的な知識や技能を前提としたうえで、その知識や技能を個別の現場で生かすためにそうした実務的な知識が必要になるのだとしている。現場における経験知の重要性を否定するつもりはまったくないが、市立図書館の支援のための専門性を培うために県立図書館も同様の業務を行うことが必須であるという主張は、自治体財政が厳しい折、通用しにくい。

　2点目は、機能の変化や検討過程での議論から、都道府県ならではの共通する苦悩、いうなれば、都道府県ゆえのジレンマが発生している。全県的サービス向上のために、北海道や高知県のように市立図書館と同様の貸出等直接サービスを拡充すると、道県内市町村との重複、二重行政が指摘され、一方、東京都や神奈川県のように市立図書館との機能の区別をはかり、従来行われていた一部のサービスを縮小させると、特に市立図書館の規模が小さいところの負担が増えたり住民の利便性が減少

したりしかねず、板挟み状態となっている。都道府県は本来的に多様な機能を有する存在であるために生じてしまうものであり、市川（2011）も、都道府県の今後のあり方を展望するにあたり、①都道府県は性質の異なる複数の機能を担う団体であること、②補完機能、連絡調整機能、支援機能の実施にあたっては、特に補完機能は、市町村との競合が問題となるため、実施に一定の自覚が必要であること、③都道府県は環境の影響の変化を受けやすい団体であることを自覚すること、が重要であると指摘する。

## Ⅳ．これからの県立図書館の機能に関する一考察

### 1．議論の整理

　ここまで、県立図書館の第一義的機能として従来中心とされた支援論がもはや自明ではないこと、そして一方、県立図書館の機能の見直しにあたっては、都道府県ゆえのジレンマ的状況になりやすいことについて言及してきた。県立図書館が市立図書館を支援することの意義についても、単に、市立図書館が中心だからとか、市町村支援は都道府県の機能の一環だからといった、従来前提となっていた考え方の単なる標榜を超えて、市立図書館を支援することで、県立図書館はどのような価値を住民に提供し、それをもってどのような社会を作り上げることに貢献するのかといった理念が不足してきたと思われる。直接サービスか間接サービスか、また、広域機能か支援機能か、どちらを優先するかというのは、市民への公立図書館の価値の提供方法の違いにすぎず、都道府県内の状況をふまえて決定すればよい。ただ、県立図書館が、市立図書館支援という定説にとらわれるあまり、身動きがとれず衰退していくことへの危惧から、従来あまり議論されてこなかった都道府県の機能としての広域機能の発展の可能性に言及しておきたい。

　結局、これからの県立図書館は、市立図書館との機能分担を志向する中で、市立図書館や県内の社会経済状況に応じ、広域機能の担い手として、住民に新たな価値を提供できる新しい県立図書館政策を常に模索し

続けなければならない存在なのではないか。

　そういった点では、図書館に対するニーズの掘り起こしのための広域的広報・PR なども含め、都道府県全体での図書館機能の向上を戦略的に行うことは、都道府県ゆえのジレンマ的状況の解消にもつながろう。このような、都道府県全体で住民にどのような価値を提供できるかという視点は、県立図書館や、都道府県教育委員会の図書館政策で実施されるべきである。この不足は従来から指摘されている（大串 1986 など）が、現在でもまだ十分に確立しているといえる状況ではなく、今後の大きな課題である。

## 2．県立図書館における機能

　では、具体的にはどのような機能が考えられるだろうか。例えば、元東京都千代田区立図書館長の柳（2008）は、図書館経営論の観点から、住民に対する情報・知識へのアクセス保障という、図書館の中核的サービスをどのような形で提供するかという実際的サービスは、環境の変化に合わせて変化させなければならないと指摘する。また、柳（2015）は、図書館やアーカイブといった、図書館等に関する社会的関心は高まっており、さらに近年はオープンデータをめぐる議論が盛んになり、公共情報の重要性が高まっていることから、図書館が活躍できるはずの社会的課題の高まりに合わせて図書館もその機能を進化させていくことが期待されるとし、今後、図書館という枠組みそのものの変更、文化情報資源政策論の展開を主張している。この新たな流れの中で、従来の公立図書館のミッションを新たに再定義していくことが、特に、市立図書館の状況に多大な影響を受け、それらと重複を避けるために常に社会のニーズを先進的につかみ、自らの機能を再定義し続けなければならない県立図書館に求められていくのではなかろうか。

　筆者は図書館での実務経験はなく、公立図書館関係の方からすれば、表面的で具体性に欠けると感じられるだろうが、本章は、具体的なサービスの前提となる、機能論の整理を試みたものであり、ご容赦願いたい。

# 注

1) このあたりのまとめとしては田村（2016）などが詳しい。
2) 県立図書館特有の直接サービスとは、新（2006）によると、一般的な直接サービスとは異なり、県立図書館特有の直接サービス領域として、①県の行政資料の収集と県行政府・立法府へのサービス、②県域にわたる地域資料、③非来館型サービス（図書館利用に障害のある人たちへのサービスを含む）、④特殊コレクション、⑤パイロット・モデル的サービス、が例示されている。
3) 都道府県の機能論は、礒崎（2010）、市川（2011）、野田（2012）等に詳しい。
4) 渡邊（2016）は、地方自治法に規定の3機能をベースに議論しており、協力貸出や協力レファレンスは県立図書館が相対的に大きな蔵書規模やマンパワーをもっていることを背景としてなされる、規模による補完機能として説明する。支援機能も機能の1つと捉える筆者の理解では、協力貸出や協力レファレンスは、間接サービスとして支援機能に属し、市立図書館が未成熟な状態では補完的側面が強く、整備・拡充されてくると補完的側面が薄れてくると捉えている。
5) 第二次都立図書館あり方検討委員会（2005）「都立図書館改革の基本的方向」（http://www.kyoiku.metro.tokyo.jp/lifelong/facility/library/measure.html　以降、本章注のURLは、いずれも2019.11.30閲覧）。
6) 神奈川県緊急財政対策本部（2012）「神奈川県緊急財政対策」（http://www.pref.kanagawa.jp/cnt/p498985.html）。
7) 神奈川県緊急財政対策本部（2012）「県民利用施設の検討の方向性に関する説明資料」同上URL。
8) 神奈川県教育委員会（2012年11月20日開催）「県立の図書館のあり方に関する意見交換会　第1回　資料6　神奈川県立の図書館の今後のあり方（イメージ）」（http://www.pref.kanagawa.jp/cnt/f470358/）。
9) 報道の一例として神奈川新聞で特集が組まれた。その他、カレントアウェアネス・ポータルの特集（2012）「神奈川県立図書館および県立川崎図書館の機能集約・廃止等についての検討」が詳しい（https://current.ndl.go.jp/node/22274）。
10) 図書館問題研究会神奈川支部（2012年12月

20日）「今後の神奈川県立図書館に関する検討についての意見書」　等。
11) 意見交換会および検討会の開催結果より（http://www.pref.kanagawa.jp/docs/gt2/cnt/f470358/）。
12) 高知県教育委員会・高知市教育委員会（2010）「新図書館基本構想検討委員会説明資料」高知県HP「新図書館基本構想検討委員会の開催について」（http://www.pref.kochi.lg.jp/soshiki/310401/sintosyokankentouiinkai.html）。
13) 不採用とされた明確な理由は公表資料からは読み取れなかった。
14) 県立図書館が未成熟な市立図書館を代行的に補完することで、かえって市立図書館の発展を阻害するおそれもある。

## 参考文献

新出（2006）「県立図書館の「第一義的機能」」『現代の図書館』44巻、4号

新出（2010）「公共図書館―図書館協力とネットワーク、県立図書館を中心に」『図書館界』61巻5号

石原眞理（2017）「都道府県立図書館の目指すもの―各図書館の運営方針等の分析を通して探る」『岐阜女子大学紀要』46号

礒崎初仁（2010）「都道府県制度の改革と道州制―府県のアイデンティティとは何か」礒崎初仁編著『変革の中の地方政府―自治・分権の制度設計』中央大学出版部

市川喜崇（2011）「都道府県の性格と機能―公的ガバナンスにおける政府間関係」

新川達郎編著『公的ガバナンスの動態研究―政府の作動様式の変容―』ミネルヴァ書房

大串夏身（1986）「県立図書館の新時代へ向けて―長期計画の中の県立図書館の検討を通じて」『みんなの図書館』109号

岡本真＋LRG編集部（2016）「総特集　都道府県立図書館サミット」『ライブラリー・リソース・ガイド』17号

加藤和英（2011）「県立図書館の存在意義を問い直す―「県立図書館不要論」必要論」『現代の図書館』49巻1号

子安伸枝（2019）「都道府県立図書館サミット2019（報告）」カレントアウェアネス・ポータル（https://current.ndl.go.jp/e2199）

田村俊作・三井幸子（1990）「都道府県の図書館構想と県立図書館」『図書館雑誌』第84巻6

号

田村俊作・小川俊彦（2008）『公共図書館の論点整理』勁草書房

田村俊作（2016）「都道府県立図書館論」『カレントアウェアネス』327 号

根本彰（2011）「貸出サービス論批判―1970 年代以降の公立図書館をどう評価するか」根本彰著『理想の図書館とは何か―知の公共性をめぐって』ミネルヴァ書房

野田遊（2012）「地方政府間関係と自治」真山達志編著『ローカル・ガバメント論―地方行政のルネサンス』ミネルヴァ書房

濱田幸夫（2009）「都道府県による市町村立図書館の支援等に関する調査」濱田幸夫『地域の人々に役立つ公共図書館を目指して』（http://hdl.handle.net/2241/103430）

昼間守仁（1991）「今、公立図書館に問われるもの―自治体内部へ新たな‘刺激’を」『現代の図書館』29 巻 4 号

前川恒雄（1981）『図書館で何をすべきか』図書館問題研究会大阪支部

前川恒雄（1995）「県立図書館序論」石井敦先生古稀記念論集刊行会編『転換期における図書館の課題と歴史』緑蔭書房

薬袋秀樹（1984）「戦後県立図書館論の系譜(Ⅰ) 1945-1969」『図書館評論』25 号

薬袋秀樹（1985）「戦後県立図書館論の系譜(Ⅱ) 1977-1984」『図書館評論』26 号

薬袋秀樹（1986）「戦後県立図書館論の系譜(Ⅲ) 1945-1962」『図書館評論』27 号

薬袋秀樹（1992）「公共図書館批判論の批判的検討」『現代の図書館』30 巻 4 号

柳与志夫（2008）「公共図書館経営の諸問題」大串夏身編著『図書館の活動と経営』青弓社

柳与志夫（2015）「図書館経営論から文化情報資源政策論へ」柳与志夫著『文化情報資源と図書館経営』勁草書房

渡邉斉志（2006）「都道府県立図書館の機能に関する言説の批判的分析」『現代の図書館』44 巻 4 号

渡邉斉志（2016）「基調講演　都道府県立図書館の機能についての議論の論点整理」『第 101 回全国図書館大会記録』（公社）日本図書館協会

第Ⅱ部

# 都市経営の実践
# としての図書館運営

# 第4章

# 公立図書館運営の
# 枠組みと分析

## Ⅰ．公共経営の潮流

### 1．公立社会教育施設数の傾向

　公共施設の中で多くの住民に親しまれている施設に公立図書館がある。文部科学省（2019）の調査報告によれば、全国の公立社会教育施設のうち、施設数において社会体育施設、公民館、博物館および博物館類似施設に次ぎ、公立図書館は第4位の3338施設が存在している。ここ20年ほどの間に、公立および民間の社会教育施設数は全般的に減少傾向にあるものの、図書館は常に増加傾向にある（図4-1）。

　公立図書館は一般的に教育委員会によって運営され、「図書館法第17条」において入館料等を徴収できないため、税を主な財源とし一般会計

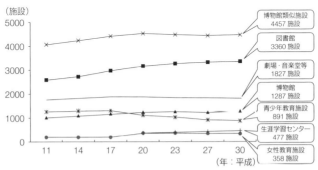

図4-1　公立および民間の社会教育施設数の推移
　　　　（2019年10月1日現在）

（出所）文部科学省（2019）『平成30年度社会教育調査中間報告について』1頁より

において運用されている。したがって、公立図書館運営事業は、地方自治体の主な他の施策分野と同様、わが国における地方自治体の運営上の諸課題や運営方法の変化に影響を受けることとなる。

　そこで、公立図書館の現状と課題を検討するにあたり、現代における地方自治体の行政運営（公共経営）の変遷について、考察を行う。

## 2. 行政経営（NPM）の波

　1970年（昭和45年）代の石油危機以降、20世紀の福祉国家観に代わりシカゴ大学の経済学者フリードマンらの新自由主義が台頭した[1]。社会における資源の配分を最も効率的に行う方法として市場メカニズムが高く評価され、財政の悪化や行政の非効率性を生み出す政府の失敗こそ克服すべき課題とされた。その根底には、小さな政府を標榜する考え方があった。1979年（昭和54年）に誕生したイギリスのサッチャー政権や1981年（昭和56年）成立のレーガン政権が新自由主義的な経済政策を採用し、税制改革や行政改革を推進し、その後カナダ、オーストラリア、ニュージーランド等の英語圏諸国に波及した。新自由主義の思想が世界に波及する中、民間企業における経営理念や経営手法、成功事例をできる限り行政経営にも活用することで行政経営の効率化、活性化を図る理論として、「新行政経営論（New Public Management：以下、NPM）」が一部の国で主張されるに至った。わが国でも、1982年（昭和57年）以降の中曽根内閣において第2次臨時行政調査会の答申を受けて、公社（国鉄、電電公社、専売公社）の民営化が実施され、改革が断行された。さらに、小泉内閣のもと2001年（平成13年）6月に経済財政諮問会議において「今後の経済財政運営及び経済社会の構造改革における基本方針」がまとめられ、NPMについて以下のように解説されている。

　「国民は、納税者として公共サービスの費用を負担しており、公共サービスを提供する行政にとっていわば顧客である。国民は、納税の対価として最も価値のある公共サービスを受ける権利を有し、行政は顧客である国民の満足度の最大化を追求する必要がある。そのための

新たな行政手法として、ニュー・パブリック・マネジメントが世界的な流れになっている。これは、公共部門においても企業経営的な手法を導入し、より効率的な質の高い行政サービスの提供を目指すという革新的な行政経営の考え方である。その理論は(1) 徹底した競争原理の導入、(2) 業績や成果に関する目標、それに対する予算、責任の所在等を契約などの形で明確化する、(3) 発生主義を活用した公会計を導入する、などの形で具体化されてきている。例えばイギリスでは、行政の各分野において「市場化テスト」を行い、民間でできることは民間に委ねるとともに、民間でできないものについても実施執行部門をできる限り行政法人化するなどの改革を進めている。」

　NPM は、競争の原理（市場原理）、成果主義、公的説明責任の遂行を特徴としている[2]。国および地方における厳しい財政状況のもと、公共サービスとりわけ準公共財[3]や価値財の提供において、市場メカニズムをできるだけ活用していく必要がある。そこで、「民間でできることはできるだけ民間に委ねる」という NPM の原則のもとに、住民に提供する公共サービスや新たな公共施設の整備などのサービスの属性に応じて、業務委託、市場化テスト、指定管理者制度等のアウトソーシングの手法を活用する地方自治体が増加している。

　NPM に基づく公共経営においては、公共サービスの提供（職務遂行）の一部を住民や企業などの民間が担い、官（公）が民から公共サービスの一部を購入する場合があるが、公共経営の主体はあくまでも行政であり、住民は公共サービスの客体と認識されていた。公共サービスの提供に関して誰がかじ取りを行い（steering）、誰が漕ぎ手か（rowing）という役割分担の議論であるが、NPM 型公共経営におけるかじ取り（＝政策形成）の機能は、行政側が担ってきた。

## 3．都市経営への深化
　官（公）から民への公共サービスのアウトソーシングが進むにつれて、自治基本条例（まちづくり基本条例等）を策定し、自治体の政策形

成（計画策定）や新たな公共施設の整備などに住民や企業が参加し、かじ取り役自体を官（公）と民が協働して取り組むケースが増えてきた。いわゆる、「公民連携（パブリック・プライベート・パートナーシップ：以下、PPP）」の取り組みであり、「新たな公共[4]」空間の幕開けである。わが国における新たな公共空間が進展している背景としては、以下の事象が考えられる。

①地方自治体における行政資源の減少・硬直化
②公共サービスの担い手としての民間の成長
③多様化した住民サービスへのきめ細やかな対応の必要性

　上記①の行政資源のうち地方自治体の総職員数については、1994年（平成6年）4月1日現在の約328万人をピークに2016年（同28年）まで毎年減少し、2018年（同30年）4月1日現在では対1994年比で55万人減少の273万6860人となった[5]。
　行政資源のうち資金に関しては、地方自治体の財政構造の弾力性を判断する指標として経常収支比率がある。人件費、扶助費、公債費の経常的経費に充当された一般財源の額が、地方税・普通交付税等の経常一般財源、減税補てん債、臨時財政対策債の合計に占める割合を示し、一般的に70〜80％が適正水準といわれている。すべての地方自治体の2005年（平成17年）から2015年（同27年）の10年間の値は90.5％から93.8％の間を推移しており、2017年度の地方自治体区分別平均値では、都道府県では94.2％、政令指定都市では96.9％、その他市では92％台となっている[6]。全体的に地方自治体の財政がかなり硬直的であることを示している。
　②の契機のひとつとして、6000人以上の市民が命を奪われた1995年（平成7年）1月17日の阪神・淡路大震災が挙げられる。行政も被災し、企業や商店の活動が止まった地震直後の被災地で人々の生活を支えたのが、被災者たち自身が自発的に作った即席の共同体、NPO、全国から集ったボランティアが作った「協働の場」であった。

1998 年（平成 10 年）には「特定非営利活動促進法（通称 NPO 法）」が議員立法として成立し、2009 年（同 21 年）の民主党政権のもと、内閣府の施策として「新しい公共」が推進され、市民活動を含む NPO 法人や公益社団法人、社会福祉法人など多様な非営利セクターが公共サービスの担い手として位置づけられた。

　2003 年（平成 15 年）の第 27 次地方制度調査会において、基礎自治体の一定の区域を単位として、地域自治組織の機関としての「地域協議会」を設置することを答申した[7]。地域における自己決定と自己責任の原則が実現されるという観点から住民自治を重視するためである。その後、「地方自治法 202 条の 5」においてその設置が認められた。

　③については、地方分権改革が推進される中、地域における包括的な役割を担うにふさわしい行財政基盤を有する基礎自治体を形成するため、「平成の大合併」が推奨され、基礎自治体がカバーすべき地域が拡大した。その結果、合併後の基礎自治体では、住民ニーズに適合したきめ細かな市民対応が困難となっており、各地域自治組織と基礎自治体が協働して公共サービスを提供することが必要となってきている。

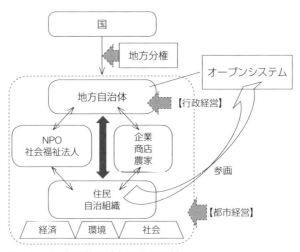

**図4-2　行政経営と都市経営の関係**
（出所）筆者作成

以上、公共サービスをいかに地域住民や利用者に賢く提供するかを意味する「公共経営」という表現には、①自治体組織の内部における経営管理としての「行政経営」と、②住民を含む公民の複数の主体が協働して、地域資源を有効活用し公共サービスを提供する場（新しい公共）を管理する、という異なる意味が包含されるに至った。

　「都市経営（地域経営）」という概念は、上記②の意味での PPP による「公共経営」に、複数の自治体の連携（公公連携）も加味し、「地域」という「空間としての場」の概念を強調することで、特定の地域内における各種課題への対応にむけて、複数の公共サービス提供主体間で繰り広げられるネットワーク・マネジメントを意味している。

　結果、公共経営は都市経営が①の行政経営を飲み込む形で今後深化し続ける。住民は図書館サービスの利用者であるばかりか、当事者として行政と共に地域価値を創出することが重要となる（図 4-2 参照）。

## Ⅱ．公立図書館の運営と行政経営の波

### 1．図書館の設置及び運営上の望ましい基準の設定

　「図書館法第 2 条第 1 項」によれば「図書館とは、図書、記録その他必要な資料を収集し、整理し、保存して一般公衆の利用に供し、その教養、調査研究、レクリエーション等に資することを目的とする施設」であり、地方自治体の設置する図書館が公立図書館と呼ばれている。

　わが国では、1950 年代の高度成長期を経て 1980 年代の経済のバブル期を迎えたが、その間豊富な予算のもと、施設数や図書・雑誌所蔵数が増加した。1970 年（昭和 45 年）に日本図書館協会から『市民の図書館』が刊行され、①貸出の増加、②児童サービスの重視、③市民への全域サービスの 3 点を最重要項目とした。1990 年代、バブル経済崩壊後、人々は消費を控えるようになり、公立図書館は、それまで中心であった書籍・諸資料の収集・分類・保存と「閲覧サービス」供給から、より利用者重視の「貸出サービス」強化へ移行した。その結果、貸出が急増しベストセラー本などを所蔵する公立図書館に依存することで「無料貸本

屋」論争の一要因ともなった。

　このような時代背景のもと、1992 年（平成 4 年）5 月に、生涯学習審議会社会教育分科審議会施設部会図書館専門委員会が「公立図書館の設置及び運営に関する基準」をまとめ、文部科学省社会教育局長名で都道府県教育委員会に通知した。公示はされなかったものの、公立図書館の経営に関して、基準案ではない正式な基準が提示されたことは画期的であった。その後、2001 年（同 13 年）に「公立図書館の設置及び運営上の望ましい基準」、2012 年（同 24 年）に「図書館の設置及び運営上の望ましい基準」（以下「2012 年基準」）が公示された（図書館法第 7 条の 2）。

　以下に、図書館法に基づく図書館運営に関し、危機管理を含む行政経営と都市経営（地域経営）の両視点から公立図書館が対処すべき主なテーマや課題について、「2012 年基準」を中心に考察する。

## 2. 図書館における経営管理上の主なテーマと課題

　公立図書館は、先に述べたとおり入館料等を徴収できず税を主な財源とするため、最少の経費で最大の効果が発揮できるように図書館サービスを実施する必要がある。

　具体的な「貸出サービス」の業務フローの例を示すと、図 4-3 のとおりである。

　前年度に図書館関連予算が策定・承認され、予算に沿って必要な資源を収受し、効率的かつ有効に資源を活用して必要な資料の収集・整理・保存を前提に、利用者のニーズにあった図書館サービス（貸出サービスなどのアウトプット）を実施する。その結果、さまざまな費用（コスト：

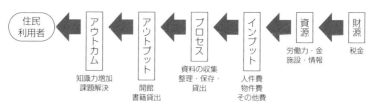

**図4-3　図書館サービス（貸出）の業務フロー**
（出所）筆者作成

表4-1　図書館経営における組織内の主なテーマと課題

| 主なテーマ | 課題 | 関連した制度・指針など | 本書の参考事例 |
|---|---|---|---|
| 経営管理サイクル<br>（PDCA） | 指標と目標設定 | 2012 基準第二の一の 1（一）の 1 | 各章 |
| | 業績測定と自己評価 | 2012 基準第二の一の 1（一）の 2<br>図書館法第 7 条の 3 | 各章 |
| 組織 | 図書館長のリーダーシップ | 2012 基準第二の一の 4（一）の 1 | 第 5 章 |
| | 司書 | 2012 基準第二の一の 4（一）の 2<br>図書館法第 5 条～7 条 | 第 5 章・第 8 章 |
| 業務実施の<br>アウトソーシング | 委託契約（個別・長期継続） | 地方自治法 234 条、234 条の 3 | 各章 |
| | 指定管理者制度（2003 年施行） | 地方自治法 244 条の 2 | 第 6 章・第 7 章 |
| ハードとしての<br>図書館 | 図書館の再配置<br>（施設の老朽化対応） | 公共施設等総合管理計画・<br>個別施設計画策定の要請 | 第 5 章・第 12 章 |
| | バリアフリー<br>（ユニバーサルデザイン化） | 2012 基準第二の一の 1（六）の 2 | ― |
| 危機管理、災害復興 | | 2012 基準第一の六 | 第 11 章 |

（出所）筆者作成

インプット）が発生するが、この費用（コスト）をアウトプット数で除した比率は、一般に「効率性」と呼ばれる。したがって、効率性を増進するには、コストを下げるか、アウトプット数（開館日数、貸出冊数など）を伸ばす必要がある。

他方、利用者の視点からは、貸出サービスを受ける（需要する）ことで必要な情報を入手し、悩んでいた諸課題を解決するなど、図書館から便益（アウトカム）をえることとなる。結果、図書館が「有効性」を発揮したこととなる。

このように図書館は、一定の予算制約のもと効率的な事業運営を実施しつつ、利用者あるいは住民のニーズに最大限応えることとなる。ここに図書館を経営することの意義が見出される。

「2012 年基準」を中心に、図書館の設置と運営に関する主な組織内のテーマや課題の内容は、表 4-1 のとおりである[8]。

### 3．経営管理上の主なテーマ概要

#### (1) 図書館運営の経営サイクル（Plan・Do・Check・Act）

官民いずれの組織においても、限りある経営資源（人・もの・金・情報など）を無駄なく効果的に利用するには、経営理念（基本方針）策定→中期目標設定→外部環境に適した戦略策定→年度事業計画・目標設定

→予算編成→（予算執行）→結果の振返り→次年度へのフィードバックの経営管理サイクル（Plan・Do・Check・Act）を滞りなく回す必要がある。

　この点、「2012基準」において、公立図書館の管理運営について「基本的運営方針」の策定とともに、下記のとおり計画・目標の策定とその達成状況の自らの点検・評価の必要性が強調されている。

---

　【事業計画】（公立）図書館は、基本的運営方針を踏まえ、図書館サービスその他図書館の運営に関する適切な指標を選定し、これらに係る目標を設定するとともに、事業年度ごとに、当該事業年度の事業計画を策定し、公表するよう努めるものとする。（中略）基本的運営方針並びに前項の指標、目標及び事業計画の策定に当たっては、利用者及び住民の要望並びに社会の要請に十分留意するものとする。

　【点検及び評価】（公立）図書館は、基本的運営方針に基づいた運営がなされることを確保し、その事業の水準の向上を図るため、各年度の図書館サービスその他図書館の運営の状況について、（一）の2の目標及び事業計画の達成状況等に関し自ら点検及び評価を行うよう努めなければならない。

---

　図書館経営の実務において、特に問題となるのが適切な指標をいかに設定し測定・評価するかにある。インプット指標、プロセス指標、アウトプット指標、効率性指標、アウトカム指標などさまざまな指標が想定できるが、図書館サービスを享受した結果としての効果を認識するには時間がかかるため、アウトカム指標の利用は限定される。

　図書館事業に関する業績測定を前提とした評価の時代の推移について、田辺智子（2016）[9]では、表4-2に記す3期に区分されている。

　しかし、「2012年基準」の参考資料をはじめ、さまざまな指標が開発されてきている。例えば、JIS図書館パフォーマンス指標（JIS X0812）として、表4-3の29の指標があり、その活用が研究されている。

表4-2　業績測定型の図書館評価の時代区分

| 変化が見られる要素 | インプット・プロセス期（～1979） | アウトプット期（1980～1997） | サービス品質期（1998～） |
|---|---|---|---|
| 評価対象 | ・インプット<br>・プロセス | ・インプット<br>・プロセス<br>・アウトプット | ・インプット<br>・プロセス<br>・アウトプット<br>・サービス品質<br>・効率性 |
| 比較対象 | ・外生的な基準類 | ・外生的な基準類<br>・自ら定めた基準（設定した基準・目標、過去の実績値） | ・外生的な基準類<br>・自ら定めた基準（設定した基準・目標、過去の実績値）<br>・他館の実績値（ベンチマーク） |

表4-3　四類型から見た JIS X0812 の 29 指標[10]

| | インプット指標 | プロセス指標 | アウトプット指標 | アウトカム指標 |
|---|---|---|---|---|
| 資料の収集・整理 | ・要求タイトル所蔵率<br>・受入に要する時間<br>・整理に要する時間 | ・タイトル当たり目録費用 | | |
| 資料の利用・提供 | ・タイトル利用可能性<br>・要求タイトル利用可能性<br>・要求タイトル一定期間内利用可能性 | ・利用者当たり費用<br>・来館当たり費用<br>・蔵書回転率<br>・貸出し当たり費用<br>・職員当たり費用 | ・特定サービス対象者の利用率<br>・人口当たり来館回数<br>・人口当たり館内利用数<br>・資料利用率<br>・閉架書庫からの資料出納所要時間<br>・開架からの資料探索所要時間<br>・人口当たり貸出し数<br>・人口当たり貸出中資料数<br>・図書館間貸出の迅速性 | 利用者満足度 |
| 情報サービス・情報探索 | | | ・正答率<br>・タイトル目録探索成功率<br>・主題目録探索成功率 | |
| 施設・設備 | ・設備利用可能性<br>・コンピュータシステム利用可能性 | | ・設備利用率<br>・座席占有率 | |

（出所）糸賀雅児（2003）「アウトカム指標を中心とした図書館パフォーマンス指標の類型と活用」日本図書館情報学会研究委員会編『図書館の経営評価―パフォーマンス指標による新たな図書館評価の可能性』勉誠出版、90頁の第1表より引用・改変

## (2) 図書館の組織

「2012年基準」によれば、公立図書館組織のリーダーである図書館長について、「その職責にかんがみ、図書館サービスその他の図書館の運営及び行政に必要な知識・経験とともに、司書となる資格を有する者を任命することが望ましい。」とされている。

また、公立図書館が専門的なサービスを実施するために、同基準では、「教育委員会は、（中略）必要な数の司書及び司書補を確保するよう、その積極的な採用及び処遇改善に努めるとともに、これら職員の職務の重要性にかんがみ、その資質・能力の向上を図る観点から、（中略）関係機関等との計画的な人事交流（複数の市町村又は都道府県の機関等との広域的な人事交流を含む。）に努めるものとする。」として、専門家として司書の配置、処遇、資質向上の必要性を強調している。実際、2008年度（平成20年度）、2011年度（同23年度）、2015年度（同27年度）、2018年度（同30年度）の図書館の全職員に占める司書の割合の推移は、44.8％、46.7％、47.7％、48.7％と着実に増加傾向にある。司書を一般職として取り扱い、首長部局の他の部署にローテーションで配置するケースも見受けられるが、むしろ中学校や高等校の図書館員としての人事交流が、専門性の発揮の観点から望ましい。

　窓口業務や書庫の整理、総務などの間接業務については、民間委託に任せるなど業務実施の効率性と専門性とのバランスを考慮した図書館の組織運営が期待される。

### (3) 指定管理制度と図書館運営

　NPMによる公共経営の申し子として、2003年（平成15年）6月に公

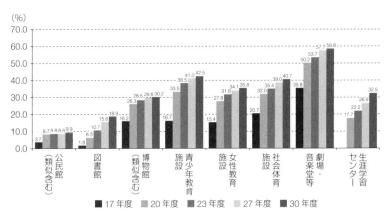

**図4-4　指定管理者制度導入公立施設の割合の推移**
（出所）文部科学省（2019）『平成30年度社会教育調査中間報告について』3頁より

表4-4　指定管理者の性格（2017年度現在）

| | 特別区 | 政令市 | 市 | 町村 | 合計 |
|---|---|---|---|---|---|
| 図書館数 | 119 | 63 | 307 | 62 | 551 |
| 指定管理者の性格 ①民間企業 | 119 | 51 | 252 | 28 | 450 |
| ② NPO | 0 | 1 | 21 | 13 | 35 |
| ③公社財団 | 0 | 11 | 27 | 17 | 55 |
| ④その他 | 0 | 0 | 7 | 4 | 11 |

（注）その他：未定を含む
（出所）日本図書館協会図書館政策企画委員会（2019）「図書館における指定管理者制度の導入等について 2018年調査（報告）」2頁、表4より

布され同年9月に施行された改正地方自治法（第244条の2）において、指定管理者制度がいわゆる「公設民営」の一環として導入された。

　2018年度（平成30年度）の社会教育調査によれば、公立図書館全体の18.9％で、指定管理者制度が導入されていた。図4-4のとおり、2005年（同17年）から図書館を含むすべての公立の社会教育施設において、指定管理者制度導入合計の割合が増加傾向にある[11]。

　2017年度（平成29年度）までに指定管理者制度を導入した公立図書館における指定管理者の性格として（表4-4）、㈱図書館流通センターやカルチャー・コンビニエンス・クラブ㈱などの民間企業のみならず、NPOや地元書店なども参入している（伊丹市立図書館の一部では、NPOが指定管理者である）。

　例えば、本館および複数の分館を有するA公立図書館のように、もともとすべてを直営方式で運営していたが、徐々に直営方式から指定管理方式へと変更し、2013年度（平成25年度）に全館すべてを指定管理方式へ移行を完了した結果、効率性が促進された地方自治体も存在する（図4-5）。

　今後も図書館への指定管理者制度導入は増加が見込まれるものの、2013年度（平成25年度）以降2017年度（同29年度）までの5年間に、新規に指定管理者制度を導入した公立図書館の数は、各年度で59館、37館、48館、59館、23館と増減を繰り返している。これは、図書分類法や選書方法などについて問題視する動きがある一方で、地域活性化へ

|  | （全館で換算） |  | （単位：千円） |
| --- | --- | --- | --- |
| 【財務データ】 | 2012（H24）年 | 2013（H25）年 | 2014（H26）年 |
| 直接人件費 | 363,284 | 0 | 0 |
| 図書館管理経費（a除く） | 1,087,151 | 413,200 | 359,565 |
| 指定管理者負担金 a | 356,757 | 1,136,165 | 1,177,628 |
| 　減価償却費を除くフルコスト① | 1,807,192 | 1,549,365 | 1,537,193 |
| 【非財務データ】 |  |  |  |
| 　開館日数（日）② | 3,952 | 4,146 | 4,144 |
| 　貸出点数（点）③ | 5,863,955 | 5,934,463 | 5,837,285 |
| 【基礎データ：年度末】 |  |  |  |
| 　図書館職員人数（人） | 45 | 0 | 0 |
| 　蔵書総数（冊） | 1,413,230 | 1,434,918 | 1,455,795 |
|  |  |  |  |
| 開館1日あたりコスト①/②（円／日） | 457,285 | 373,701 | 370,944 |
| 貸出1点あたりコスト①/③（円／点） | 308 | 261 | 263 |

**図4-5　A公立図書館における指定管理制度導入の効果例**

の寄与などを高く評価するケースも見受けられ、その評価が定まっていないことに起因する[12]。

　今後もその動向が注視されている。

### ⑷ 図書館の再配置と新地方公会計情報の活用

　2012年（平成24年）12月に山梨県笹子トンネルで発生した天井板落下事故は死者6名をだす大惨事となり、改めてわが国のインフラや施設の安全性神話への疑問が国民から投げかけられた。翌年の2013年度（同25年度）、政府は「インフラメンテナンス元年」と位置づけ、国の「インフラ長寿命化計画」を策定した。地方自治体においても、過去に建設された公共施設等がこれから大量に更新時期を迎える一方で、地方財政は依然として厳しい状況に直面している。さらに、人口減少等により今後の公共施設等の利用需要も変化していくため、長期的視点に立って公共施設等の総合的かつ計画的な管理を行うため、「公共施設等総合管理計画」の策定が必要となった。

また、同計画に基づき、個別施設ごとの具体的な対応方針を定めるため、「個別施設計画」の策定も必要となった。

　そこで、2014年（平成26年）4月22日付け総務大臣通知により、「公共施設等総合管理計画」を2014〜2016年度の3年間で策定する一方で、点検・診断によって得られた個別施設の状態や維持管理・更新等に係る対策の優先順位の考え方、対策の内容や実施時期を定める「個別施設計画」を2020年度（令和2年度）までに策定することが決定した（2017年〔平成29年〕9月30日現在、都道府県および指定都市については全団体、その他の市区町村については99.4％の団体が公共施設等総合管理計画を策定済み）。

　2017年（平成29年）6月9日に、「経済財政運営と改革の基本方針2017〜人材への投資を通じた生産性向上〜(2) 社会資本整備等③公的ストックの適正化とインフラ管理のスマート化」において、「地方公共団体における「個別施設計画」の策定とそれに基づく公共施設等の集約化・複合化等や、その進捗に応じた継続的な公共施設等総合管理計画の見直し・充実を促進する。」旨を閣議決定した。

　社会教育施設の一環である公立図書館も、個別施設計画策定の対象となり、とりわけ老朽化した図書館をいかに再配置するかについて、各地方自治体で議論がなされている。

　では、人口減少時代の「公共施設等総合管理計画」における30年後の公共施設削減目標や、各施設別の再配置に関する個別施設計画策定の判断は、どのように行われたのであろうか。

　まず、「公共施設等総合管理計画」について、遠藤・三好・佐藤(2017)[13]によれば、生産年齢人口動態を予測し、その実態に基づき市民税の推移など今後30年間の財政を推計する。他方、現状のまま公共施設を維持管理する場合の歳出推計を行い、両者を比較することで、予算削減の割合や目標延床面積削減率が計算された。

　他方、持続的な地域社会を維持するためには、各公共施設のランニングコストの情報と利用実績を把握し、当該データを1次データとして今後の建設投資や廃棄などの意思決定を行う必要がある。その際に、現状

の自治体の制度上の会計（官庁会計方式）ではコストデータが把握できないため、制度会計を補完する新地方公会計の情報を使って整理する事例が見受けられる。

　例えば、2005年（平成17年）に5町が合併してできた熊本県宇城市では、合併していない人口、面積が類似している宮崎県日向市と比較

〈施設白書のデータ〉　　　　　　　　　　　　　　　　　　　　　　（千円）

| 施設名称 | A図書館 | B図書館 | C図書館 | D図書館 | E図書館 |
|---|---|---|---|---|---|
| 【行政コスト】 | | | | | |
| 人件費 | 14,475 | 13,139 | 13,421 | 15,209 | 8,592 |
| 退職手当コスト | 1,080 | 585 | 1,080 | 1,170 | 540 |
| 委託料 | 495 | 1,525 | 1,713 | 1,445 | 565 |
| 需用費 | 1,759 | 5,336 | 3,205 | 2,745 | 1,641 |
| 減価償却費 | 74 | 11,581 | 1,920 | 4,336 | 1,210 |
| その他 | 3,780 | 7,910 | 4,458 | 5,151 | 2,521 |
| 行政コスト合計 | 21,663 | 40,076 | 25,797 | 30,056 | 15,069 |

〈第1次基礎データ〉

| | A図書館 | B図書館 | C図書館 | D図書館 | E図書館 |
|---|---|---|---|---|---|
| 蔵書数 | 27,299 | 72,813 | 39,767 | 40,273 | 8,573 |
| 貸出冊数 | 39,433 | 165,827 | 29,362 | 74,004 | 10,883 |
| 1日あたり貸出冊数 | 108 | 454 | 80 | 203 | 30 |
| 1冊あたりコスト（円） | 549 | 242 | 879 | 406 | 1,385 |

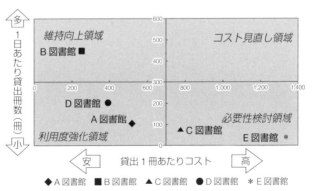

**図4-6　旧宇城市立図書館の施設別分布グラフによる評価分析**
（出所）総務省地方公会計の活用のあり方に関する研究会（2016）資料2より

し、新市の課題を洗い出した。

　宇城市では市民1人当たり130万円の資産を有しており、負債は64万2000円であったが、日向市は市民1人あたり153万5000円の資産を有しており、負債が51万6000円であった。その結果、①将来世代の負担を頼りに資産が形成されていることと、②市民1人の行政コストが、宇城市では34万円、日向市では32万6000円であり、特に人件費が日向市の1.2倍かかっていることがわかった。

　そこで、合併後に5つの公立図書館を有していたが、財務書類をもとに作成した「施設白書」のデータを使い、1日あたりの貸出冊数、貸出1冊あたりのコストをグラフ化し、4つのグループに分け、各図書館の評価分析を実施した。その結果、必要性検討領域にある2つの図書館について、コスト情報に施設の性能（耐震性等）、地理的要素も考慮しながら、移転、解体等を検討した（図4-6参照）。

　その結果、C図書館を2015年度（平成27年度）に解体撤去し、市街地中心部から離れていたE図書館はA図書館の分館として中心部にある支所に移転し、1月あたりの貸出冊数が1500冊から3000冊に倍増した。E図書館であったスペースは手狭になった郷土資料館の拡張に利用されることとなった。


## Ⅲ．都市経営と今後の公立図書館運営の方向性

### 1．人口減少時代の公立図書館の役割

　文部科学省主催の研究会の提言や白書の記載などを契機に、近年、図書館をはじめ社会教育施設には、従来の役割にくわえて、地域活性化・街づくりの拠点、地域の防災拠点などの幅広い役割も期待されるようになった。

　中央教育審議会（2018）の答申によれば、


　「社会教育行政については、かねてから多様な主体との連携・協働によるネットワーク型行政を推進すべきことが指摘されてきたが、そ

表4-5　都市経営としての図書館運営上の主なテーマと課題

| 主なテーマ | 課題 | 関連した制度・指針など | 本書の参考事例 |
|---|---|---|---|
| 公民連携<br>（PPP） | 計画時 | 2012 基準第一の四 | 第5章・第8章 |
| | 実施時 | | 第8章・第11章 |
| | 評価時（図書館協議会：第三者評価） | 2012 基準第二の一の1（二）の2<br>第二の一の1（五）<br>図書館法第14条〜16条 | 導入するも特に明示なし |
| | 地域の課題解決の支援<br>地域住民交流の拠点 | 2012 基準第一の三 | 第5〜第11章 |
| 公公連携 | 横の連携（広域連携） | 地方自治法第2条第15項 | 第12章 |
| | 縦の連携<br>（都道府県と市町村） | 2012 基準第二の二の1〜5<br>図書館法第5条〜7条 | 第3章 |

（注）有事の対応を含む
（出所）筆者作成

の取組はいまだ十分とは言い難い。（中略）社会教育は、個人の成長と地域社会の発展の双方に重要な意義と役割を持つものであり、その要となるのが、学びの場を通じた住民相互のつながりである。

　人口減少や、コミュニティの衰退を受けて、住民参画による地域づくりがこれまで以上に求められる中、社会教育を基盤とした人づくり・つながりづくり・地域づくりの重要性は地方行政全体を通じてますます大きくなっている。（中略）社会教育は社会に対してより開かれたものとして、また、住民相互のつながりを提供する場として、新たな展開を図ることが求められている。行政としては、そのための環境の整備にこれまで以上に取り組む必要がある。」

とされている（表4-5）。

　したがって、公立図書館運営上、組織内の経営管理（行政経営）のみに注力するのではなく、地域社会を構成する地域住民、民間組織、NPOや近隣自治体と協働で、持続可能な地域社会の構築を目指すことが肝要となる。図書館運営において都市経営の視点が重視されることとなる。

## 2．公民連携と公立図書館運営

　都市経営の観点から、まず地方自治体（行政）と民間との協働をいかに促進するのかという点が課題となる。具体的には下記の2つの領域の課題に集約される。

　①行政経営における住民との協働をいかに確保すべきか。
　②地域社会の活性化のために、地域産業振興、子育て支援、各種福祉の増進、災害復興など地域のさまざまな課題・テーマごとに、いかに行政と民間が協働していくべきか。

　まず、①については、図書館運営における経営管理サイクルのキーとなる「計画策定」と「業績測定・評価」に、住民を巻き込む仕組みを構築することが必要となる。
　「計画策定」では、図書館の棚の一部を中学校に開放し、各中学校等で話題となっている本を紹介するコーナーの企画・運用を中学校に委託するケースや各種講演会や児童への読み聞かせなどの講演会やイベントの企画・運営を地域住民やNPOに依頼することがある。
　他方、「業績測定・評価」について、「2012年基準」では、図書館職員自体が図書館サービスの業績測定や自己評価を行った後に、図書館協議会の活用により、学識経験者・利用者・住民などの第三者による評価を行うことが努力義務とされている。
　文部科学省㈱政策研究所（2017）「2017年アンケート」によれば、図書館協議会をおく具体的なメリットとして、「図書館協議会は「住民の意思の反映」だと捉えているので、協議会での委員さんからの意見等を受け、協議することは住民参加となり、運営に対し住民の理解を深め、連携・協力し、住民サービスとなること。」などの意見がみられる。また、図書館の運営に対する地域住民の意見を反映する方法として、図書館協議会がトップとなっている（図4-7参照）。
　他方、②について、教育委員会所管の図書館が地域課題に対応した講座や企画などを実施する際に連携する部署や機関は「福祉・健康関係部

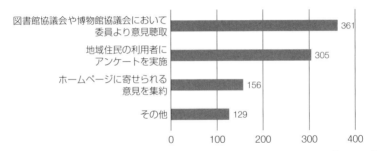

**図4-7　図書館・博物館運営に対する地域住民の意見の反映方法（n＝563）**
（出所）文部科学省㈱政策研究所（2017）136頁

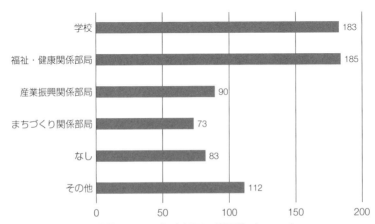

**図4-8　図書館が連携している行政部局・機関等（n＝563）**
（出所）文部科学省㈱政策研究所（2017）131頁

局」と「学校」が多い（図4-8参照）。しかし、教育委員会や社会教育行政担当部局と首長部局の間には、一般的に部門の壁があり意思疎通が弱いとされている。今後、両部門間での部局横断的な意思疎通を図るために、中央教育審議会（2018）では積極的な人事交流の推進や総合教育会議の活用を促している。

## 3．公公連携と公立図書館運営

　地方自治体間での協働には、都道府県立図書館と市町村立図書館との協働（縦の連携）と、同規模の地方自治体間の連携（連携中枢都市圏、定

住自律圏などの広域連携。横の連携）を活用した図書館運営がある[14]。

　縦の連携について、2018 年基準では下記のような規定が設定された。

　「都道府県は、（中略）図書館未設置の町村が多く存在することも踏まえ、当該都道府県内の図書館サービスの全体的な進展を図る観点に立って、市町村に対して市町村立図書館の設置及び運営に関する必要な指導・助言等を行うものとする。（第一の二の 2）」
　「都道府県立図書館は、当該都道府県内の図書館の相互協力の促進等に資するため、当該都道府県内の図書館で構成する団体等を活用して、図書館間の連絡調整の推進に努めるものとする。（第二の二の 1）」

　また、横の連携としては、例えば 2015 年（平成 27 年）4 月に京都府北部の 7 市町（福知山市、舞鶴市、綾部市、宮津市、京丹後市、伊根町、与謝野町）は、「京都府北部地域連携都市圏形成推進協議会」を設置し、それぞれの市町の強みを活かした役割分担と機能強化を図り、中核市にも匹敵する公共サービスや都市機能を備えることにより、京都府北部を 1 つの経済・生活圏として地域の活性化を図る取り組みを進めている。その一環として、2018 年（平成 30 年）4 月から、域内住民であればどこの公立図書館でも本が借りられるようになった。これからの公立図書館（とりわけ中央図書館）は、単独であらゆる図書を取得し、保管し、貸出するフルセット主義から、各公立図書館の強みを生かしたネットワーク型行政へ移行する予兆と考えられる。

　以上、人口減少時代において、公立図書館は、限られた資源を効率的かつ有効に活用しつつ、地域住民の学習と活動の拠点として、さらには住民主体の地域づくり、持続可能な共生社会の構築に向けた取り組みの拠点としての役割も求められる[15]。公立図書館の役割を十分に発揮するために、行政経営の観点から図書館自身の業績（パフォーマンス）を可能な限り促進するとともに、各都市（地域）における事前・事後のインパクトを指標などにより管理し、首長部局、学校、NPO、企業、近隣自治体等の多様な主体が、これまで以上に連携を強化し、協働化するこ

とがますます必要となる。都市経営として、公立図書館運営の深化が問われる時代が到来したといえよう。

## Ⅳ．公立図書館運営を読み解く地方公会計の基礎

　より客観的に図書館を運営する上で、基礎的な公会計情報の読み方を理解することは重要である。以下、地方公会計の基礎について、簡単に説明する。

### 1．地方公会計とは

　わが国の地方自治体の会計（地方公会計）には、地方自治法でその調製や提出などについて規定されている「制度会計（官庁会計）」としての予算・決算制度と、有用な情報を提供し制度会計のデータを補完する「情報会計（新地方公会計）」がある。前者においては、現金の収支に着目して会計処理を行い「歳入歳出決算書」などの決算書類の作成が要請される一方、後者では、組織の経済実態の発生（価値増加・価値減少）に着目し、企業会計方式の「財務書類（貸借対照表・行政コスト計算書・資金収支計算書・純資産変動計算書）」が作成される。

　財務運営の透明性を高め、説明責任を適切に図る観点から、制度会計では把握できない情報（ストック情報〔資産・負債〕や非現金支出費用情報〔減価償却費等〕）を住民や議会等に説明する必要性が一層高まり、その補完として総務省が統一的な基準による財務書類等の作成（新地方公会計）を 2017 年度（平成 29 年度）までに全国の地方自治体に要請した。

　会計とは、経済事象を一定の基準に基づき決算書類に映し出す（写像

表4-6　地方自治体の業務フローと財務書類の関連

| （図4-3）業務フロー | 財務書類関連科目 |
|---|---|
| 財源 | 貸借対照表の「負債」と「純資産」<br>行政コスト計算書の「収益」 |
| 資源 | 貸借対照表の「資産」 |
| インプット | 行政コスト計算書「費用」 |

という）行為である。図4-3の業務フロー（経済事象）と統一的な基準に基づき作成された財務書類との関係は、表4-6のとおりである。

## 2．財務諸表（財務書類）の公民比較

　地方自治体における企業会計方式と呼ばれる新地方公会計の決算書類は、民間企業（株式会社）の決算書類と形式的にはかなり似通っている。とりわけ、主な財務諸表である貸借対照表と損益計算書（行政コスト計算書）に記載される5つの要素（資産・負債・純資産・収益・費用）は、官民で形式はほぼ同様であるもののその意味する内容は異なる。そ

### A.（株式会社）財務諸表

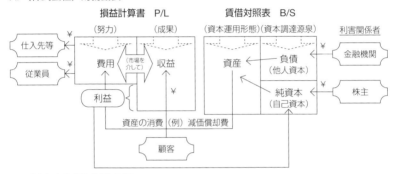

### B.（地方自治体）財務書類

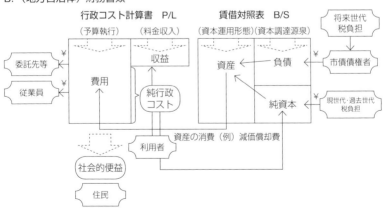

図4-9　株式会社（民間）と地方自治体の財務諸表（財務書類）の視点の相違

の内容をまとめたものが図4-9である。

　官民組織の財務諸表の記載内容の相違点は、主に下記のような相違点に起因していることが理解できる。


### 〈対象とする取引内容〉

　民間の企業会計の対象は、主に市場を通じた交換取引（もの・サービスとお金の交換）であるが、地方自治体の公会計の対象は、税収入にみられるように主に非交換取引である。

### 〈負債の返済原資〉

　民間企業は、投下資本の回収を目指して事業を営んでいるため、「負債」の返済原資は主に、営業努力の結果得られた成果としての売上などの収益である。他方、わが国自治体では、収益は利用料金収入のみを意味するため、「負債」の返済原資は、主として将来世代の税金である。


　図書館運営事業の実施に伴い、地方自治体が所有する行政資源を消費することでさまざまな費用（コスト）が発生する。例えば、理論上は人件費、減価償却費、事業に関連する諸経費に区分できる。制度会計上の予算・決算科目として事業ごとに把握できる費用は事業経費のみで、人件費や減価償却費は別途、計算が必要となる。

　図書館事業の運営に際して、主に下記のような業務評価や意思決定を行うが、変動する原価が相違するため、利用するコスト情報の範囲がケースによって異なる点に留意すべきである。


①直営で継続的に業績管理を比較分析する場合（経年比較）

　本来は総原価（フルコスト）情報を利用すべきであるが、新たなICT導入など効率性・生産性が著しく変化する場合を除き、事業経費のみを利用できる。

②直営か指定管理者制度かを選択する場合

　図書館事業に係る事業経費と人件費に変動をきたすため、少なくと

も「事業経費＋人件費」の合算のコスト情報を利用する。

③図書館施設の更新の有無を含めた意思決定をする場合

　②に加えて減価償却費も変動が想定されるため、総原価を利用する。

## 3. 指定管理者制度導入に伴う財務上の優位性についての考察

　図4-3のとおり、税金を財源として予算の範囲内で行政資源（人、もの、金、情報など）を調達し、当該行政資源を消費（インプット）することで図書館事業のさまざまな機能（資料保管・図書貸出・レファレンス）を果たしてきた。しかし、多くの地方自治体において、図書館事業の予算枠が削減される一方で、図書館は、図書を貸し出す機能から、地域社会を支える情報拠点としての役割や地域住民の課題を解決し、さらに地域の賑わいを創出する施設として、期待される役割が拡大している。

　さらに、公共施設の老朽化への対応と市民の利便性を考慮して、図書館をはじめ博物館、公民館などの社会教育施設と、福祉や市民活動関連施設あるいはショッピングモールなどの民間商業施設を同一あるいは隣接する施設内に併設する複合化・集約化も増えつつある。

　そのような背景のもと、図書館事業を直営から指定管理者制度へ変更する際に、可能な範囲で付随した収益事業（飲食・関連ショップなど）の運営を容認することで、当該自治体のコストが削減される一方、指定管理者も収益増となり双方に経済的なメリットをもたらす可能性を秘めている（図4-10）。この手法は行政が行う他の事業、例えばパークマネジメントや文化財の保存から活用への変化などにも類似する潮流といえる。

　このような新しい運営法の効果としては、以下の点が挙げられる。

　(1) 自治体と指定管理者双方の経済上の利点

　　①指定管理者制度変更に伴う人件費・諸経費等の削減により、新たに発生した指定管理料を超える節税効果（自治体のメリット）

　　②指定管理者の努力による周辺ビジネス（商品売上・諸手数料など）

A. 直営のケース

| 税金 | 人件費 |
|---|---|
| (財源) | 管理諸経費<br>減価償却費 |
| | (総原価) |

B. 指定管理＋周辺ビジネス容認へ変更のケース

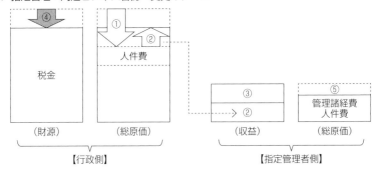

【行政側】　　　　　　　　　　　　　　【指定管理者側】

①指定管理制度変更に伴う人件費等の削減
②指定管理料発生
③指定管理者の努力による周辺ビジネス（利用料・諸手数料など）からの収益獲得
④指定管理者制度導入のよる節税効果額（自治体のメリット）
⑤公立図書館運営事業による適正利潤（民間企業のメリット）

**図4-10　直営と周辺ビジネス容認型指定管理制度導入の経済効果比較**

　　からの収益と指定管理料収入の獲得による適正利潤（民間企業の
　　メリット）
⑵ 政策上の利点：稼働率・利用率の向上
　　①集客力アップによるまちづくり効果
　　②市民の学習機会拡大による公共政策効果

　以上、図書館事業に指定管理者制度を導入することで財務上のメリットが期待できることを、会計学上の観点から確認した。
　他方、日本図書館協会（2006）の見解や一部の先行研究に見られるように、下記のようなリスクが内在している点には、留意すべきである。

詳細については、本書第3章を参照いただきたい。

①専門性の維持

　指定管理者の指定管理期間は5年以下のケースが多く、司書などの専門家育成や職員のモチベーション維持が可能か。

②中立性・公平性の確保

　購入・配架図書選定の公平性、読書や図書館利用に関する個人情報の保護や障害者サービス、多文化サービスなど図書館利用困難者へのサービス提供が保持されるか。

③サービスの均一性

　指定管理者が複数（例：中央図書館が直営で分館が指定管理者あるいは複数の分館が複数の指定管理者）になった場合、図書館システムとして統一した図書館運営の確保が可能か。

---

注

1) デヴィッド・ハーヴェイ著（渡辺治監訳）（2007）『新自由主義─その歴史的展開と現在』作品社を参照した。
2) 英国におけるNPMの具体的な進展については、遠藤尚秀（2012）『パブリック・ガバナンスの視点による地方公会計制度改革』中央経済社、52頁以降に記載されている。
3) 経済学で非排除性と非競合性のいずれか一方の性質のみを有する財を準公共財といい、道路、プール、公園、図書館などを指す。
4) 内閣府「新しい公共」を参照（http://www5.cao.go.jp/npc/　2019.10.30 閲覧）。
5) 総務省HP（http://www.soumu.go.jp/main_content/000608426.pdf　2019.10.30 閲覧）。
6) 総務省平成31年版地方財政白書（平成29年度決算）第8表を参照した。
7) 地方制度調査会（2003）「今後の地方自治制度のあり方に関する答申」11-16頁を参照した。地域における住民サービスを担うのは行政のみではないことが「重要な視点」であると強調されている。
8) 表4-2に記載したテーマ・課題以外に、ICT、PFI、個人情報保護等法律問題なども重要なテーマである。紙面の制約もあり、これらのテー

マに関しては都市経営研究叢書シリーズの別巻にて、一般論として紹介する。
9) 田辺智子（2016）「図書館評価と行政評価─評価方法の共通点と相違点の分析」『図書館情報メディア研究』14巻1号。
10) JIS X0812（図書館パフォーマンス指標）は、2002年（平成14年）10月20日に制定され、2007年（同19年）2月20日と2012年6月20日に改正された。
11) 文部科学省（2019.7）4頁を参照
12) 桑原芳哉（2018）「公立図書館の指定管理者制度導入状況─近年の動向」『尚絅大学研究紀要（人文・社会科学編）』50号、43頁。
13) 遠藤尚秀・三好ゆう・佐藤充（2017）「公共施設利用実態調査報告書─より住みやすい京都府北部仮想30万人都市圏をめざして」（京都府北部地域連携都市圏形成推進協議会委託事業）。
14) 例えば、第31次地方制度調査会の答申では、第2の1に「広域連携等による行政サービスの提供」の項目が設けられている。
15) 公立図書館を利用したまちづくり事業の事例について、日本図書館協会（2018）「自治体の総合計画等における図書館施策の位置付け及び

資料費・事業費の確保について（アンケート：2018 年度版結果）」が参考となる。

## 参考文献

糸賀雅児（2003）「アウトカム指標を中心とした図書館パフォーマンス指標の類型と活用」日本図書館情報学会研究委員会編『図書館の経営評価』勉誠出版

猪谷千香（2014）『つながる図書館―コミュニティの核をめざす試み』ちくま新書

青柳英治編著・岡本真監修（2016）『ささえあう図書館』勉誠出版

総務省 地方公会計の活用のあり方に関する研究会（2016）「総務省 地方公会計の活用のあり方に関する研究会報告書」

中央教育審議会（2018）「人口減少時代の新しい地域づくりに向けた社会教育の振興方策について（答申）」

㈱図書館流通センター（2016）「平成 27 年度「生涯学習施策に関する調査研究」「公立図書館の実態に関する調査研究」報告書」

（公社）日本図書館協会（2016.9）「公立図書館の指定管理者制度について―2016」

薬袋秀樹（2018）「公立図書館基準の歴史における「公立図書館の設置及び運営に関する基準」（1992）の役割」『日本生涯教育学論集』39 巻、53-62 頁

文部科学省（2019）「平成 30 年度社会教育調査中間報告について」

文部科学省 ㈱政策研究所（2017）「学びを通じた地域づくりの推進に関する調査報告書」

# 第5章

# 公募図書館長の
# リーダーシップ
── 瀬戸内市民図書館の取り組み

## Ⅰ. 図書館のない街に図書館をつくる

### 1. 経緯

　瀬戸内市は、岡山県南東部に位置し、2004年（平成16年）11月1日に邑久郡の邑久町、牛窓町、長船町の3町が合併し誕生した、人口3万7287人（2019年〔令和元年〕10月1日現在）、市域125㎢の自治体である。

　現在の拠点図書館である瀬戸内市民図書館の開館以前には、旧邑久町に市立図書館、旧牛窓、旧長船町には公民館図書室が設置、運営されていた。しかし、邑久町の市立図書館は、もともとは公民館図書室だったもので合併に際して条例による市立図書館としたものの、実態は公民館図書室であった（表5-1を参照）。

　合併時に策定された「瀬戸内市新市建設計画」には、新たな中央図書館を整備することが明記されていたが、現在三期目を迎えた武久顕也市長が図書館整備を公約に掲げて2009年（平成21年）7月に当選するまでは現実味を帯びることはなかった。

　武久市長は、当選翌年の2010年（平成22年）10月に「新図書館整備検討プロジェクトチーム」（以下、図書館PT）を、全庁的な人員で設置し新図書館整備事業を始動させた。当時の副市長を統括に10名の職員で構成された図書館PTでは、「新図書館整備基本構想」の策定に向けて現図書館・室や県内図書館の現況把握や市民アンケート実施・分析など、各種調査から着手を始めた。

**表5-1　新図書館開館以前の図書館・図書室の状況[1]**

|  | 市立図書館 | 牛窓町公民館図書室 | 長船町公民館図書室 | 備考 |
|---|---|---|---|---|
| 延床面積（㎡） | 118 | 422 | 108 | |
| 蔵書数（冊） | 2万9041 | 2万5 | 2万5257 | 計　7万4303冊 博物館、美和分館を除く |
| 市民1人あたりの蔵書数（冊） | 1.89 | | | |
| 利用登録者数（人） | 8427 | | | |
| 登録率（%） | 21.45 | | | |
| 貸出冊数（冊） | 6万1270 | 3万5310 | 3万7448 | 計　13万4028冊 |
| 市民1人あたり貸出冊数（冊） | 3.41 | | | |

（注）平成23年4月1日の市民（人口）は3万9282人

　そんな折、市内の学校図書館への司書配置に向けて活動をしていた市民団体「ライブラリーの会」[2]が、2010年（平成22年）10月、新図書館への要望書を市長と市議会に陳情としてあげ、市議会では賛成多数で採択されることとなった。その要望書には3つの柱があった。1点目は「新図書館整備に関する情報公開をすること」、2点目は「新図書館整備プロセスに市民参加を実現させること」、そして3点目には、開館前に図書館経営の経験のある館長候補者を全国公募し、準備にあたらせ、開館後に館長とすること」というものであった。

　瀬戸内市ではこの要望書の内容も踏まえ、図書館PTでの議論を経て、2011年（平成23年）1月に新瀬戸内市民図書館館長候補者募集を告示し、筆者が同年4月1日に瀬戸内市に着任することとなった。

## 2．概要

　2016年（平成28年）6月1日に開館した瀬戸内市民図書館は、面積2399.19㎡で、公民館図書室から条例改正して図書館となった牛窓、長船両図書館と移動図書館で構成される図書館システム全体の中の拠点図書館である。運営は、教育委員会事務局のひとつの課である図書館に配属された瀬戸内市職員が運営にあたる市の直営である。収蔵能力は20万冊（開架書架：12万冊・閉架書架：8万冊）で、地域郷土博物資料と図

書館資料との融合的展示を行っているところが大きな特徴である。

　瀬戸内市民図書館の開館時間は、火・水・土・日曜日・祝日が午前10時〜午後6時、木・金曜日は午前10時〜午後7時までとなっている。貸出点数は20点まで（CDは6点、DVDは3点）で、貸出期間は2週間以内である。

　特徴的なサービスとしては、有償オンラインデータベースを6種類提供しており、館内Wi-Fi環境の提供や館内貸出用iPadの提供を行っている。また、DVD視聴はポータブルDVDプレイヤーの貸出により提供しているほか、少人数でのグループでの学習・相談等に利用できる「チャットルーム」、10人程度で利用可能な「ミーティングルーム」の提供を行っている。さらに、「eラーニングルーム」では、放送大学の受信機器と、大学教授陣による本格的な講義を、誰でも無料で受けられるウェブサービス「gacco（ガッコ3)」専用のウェブパソコンを設置。放送大学・大学院のテキスト全点も専用書架に用意している。

　代読室を兼ねた静寂読書室では、静かな空間で読書をされたい方のための部屋としての機能ももたせている。また、1階カフェスペースでは、飲食も可能となっている。

## 3．理念と特徴

　筆者は着任当初、市長部局の総合政策部、政策調整課の新図書館整備担当参事（課長級）として図書館PTのメンバーに参画した。これは市長の配慮で、整備計画の骨格が現れるまでは図書館を所管する教育委員会ではなく、瀬戸内市の政策全般を俯瞰しやすい企画部門で、まちづくりを意識した図書館整備を検討できるようにとの人事配置であった。

　筆者は、図書館PTで積み上げられた周辺状況のデータに加え、図書館施策に関連する各種データや課題も加味したうえで、基本理念を「もちより・みつけ・わけあう広場」と提起し、その実現のための7つの指針を設定した。これは、武久市政となって策定された「瀬戸内市第二次総合計画」の理念である「人と自然が織りなす　しあわせ実感都市　瀬戸内」を踏まえて、市民の必要とする情報ニーズを図書館に持ち寄っても

らい、その解決方法を図書館で見つけ、そしてその気づきや学びを他の市民と分け合ってもらうことで、市民相互が互いのしあわせ実感のために支え合う「知の連帯」を育て合うことを理想としてかかげたものである。ちなみにこの理念の頭文字をとって「もみわ広場」という愛称が公募でつけられた。

さて、7つの指針とは、以下のような施策である。

①市民が夢を語り、可能性を拡げる広場

　単に本を貸出すだけではなく、市民一人ひとりの夢や希望、課題に寄り添い、その実現や解決に必要な情報提供や相談業務を市内全域において積極的に行うことを志向するものであり、市民が求める資料・情報は、あらゆる手段を尽くして探索し、提供することを徹底し、顕在化した要求に応えるだけでなく、市民の潜在的な情報ニーズを汲み取り、さまざまな分野の資料を幅広く提供するなどして要求を喚起する取り組みを行うことを目指している。

②コミュニティづくりに役立つ広場

　歴史的・文化的な価値を再認識するための地域・郷土資料の整備に努め、その提供を推進することにより、コミュニティの現代的な課題や将来展望を見出し、市民の地域づくり活動を応援することを指向した。

③子どもの成長を支え、子育てを応援する広場

　子どもの生きる力を育む読書を支え、子育て世代が求めるさまざまな情報と空間を提供するため、乳幼児期から絵本と親しむことを通じて豊かな情緒を育み、親子のコミュニケーションがより深まるよう、読書支援サービスを展開することを掲げている。

④高齢者の輝きを大事にする広場

　高齢者が読書や文化的な活動を通して健康な生活を営み、これまで培ってきた豊富な経験や知識を活かし、コミュニティで輝きを放つお手伝いをする取り組みを重視した。ともすると医療費や介護費用の問題など、ネガティブな側面に注目が集まりがちだが、高齢者が主体的

に文化活動や地域づくりに関わることで、心身ともにしあわせ実感を
高めてもらいたいと考えた。

⑤文化・芸術との出会いを生む広場

　多様な文化との出会いの場として、多彩なパフォーマンスや芸術と
の触れ合いの場として、また、市民の表現の場として機能するため
に、市域で身近には触れることの少ないさまざまな文化・芸術との出
会いの機会を、公民館、美術館等と連携を図りながら提供することを
目標した。

⑥すべての人の居場所としての広場

　子どもからお年寄りまで、また、障害者や外国人などすべての市民
がいきいきと自分の居場所として集い、憩い、学ぶことのできる空間
として機能させるため、すべての人が利用しやすいユニバーサルデザ
インを施すとともに、その状況に応じたメディアを通して図書館サー
ビスが受けられることを目指している。

⑦瀬戸内市の魅力を発見し、発信する広場

　多くの芸術家を輩出した邑久地域、備前刀剣の里として名工を数多
く生んだ長船地域、「日本のエーゲ海」と呼ばれる牛窓地域など、瀬
戸内市の魅力を発信するため、多様な資料を収集し、提供することを
通して、市民が瀬戸内市への愛着をさらに深められるよう努めること
を掲げている。


　このような指針を含んだ「新瀬戸内市立図書館基本構想」を2011年
（平成23年）5月に策定し、これをたたき台として市民参加によるワー
クショップによって意見聴取と調整を行い、「新瀬戸内市立図書館基本
計画」へと肉づけしていくことで整備計画を推進していくことを目指し
た。

　また、瀬戸内市の図書館の大きな特徴として、地域郷土博物資料を図
書館資料とともに融合的に展示することを構想した。準備の段階で社会
教育課の学芸員と連携を図り、2012年度（平成24年度）に設置された
新図書館開設準備室に兼務で入ってもらい、資料展示機能の構想を練っ

てもらった。

　以後の取り組みは第Ⅱ節で詳述するが、以下の表5-2、表5-3に示すように、貸出利用者数は、新図書館開館前の2012年度（平成24年度）の3万4864人から、開館年の2016年度（同28年度）には6万4549人、開館2年目の2017年度（同29年度）には7万4134人と倍増している。また、貸出冊数は、同様に14万4942冊から28万3776冊、そして30万7693冊と、こちらも倍以上の増加となり、住民1人あたりの貸出冊数は8.3冊であった。

### 表5-2　基礎データ

| | 2012 (H24) 年度<br>新図書館整備前 | 2016 (H28) 年度<br>新図書館開館年 | 2017 (H29) 年度<br>開館2年目 |
|---|---|---|---|
| 歳出規模（決算） | 2035万3972円 | 1億637万4796円 | 9435万8572円 |
| 貸出利用者数 | 3万4864人 | 6万4549人 | 7万4134人 |
| 貸出冊数 | 14万4942冊 | 28万3776冊 | 30万7693冊 |
| 来館者数 | 未測定 | 16万6086人 | 15万8847人 |
| その他の特徴 | 市内全保育園・幼稚園と高齢者施設15か所に移動図書館巡回を開始 | 図書館資料と地域郷土資料の融合展示「せとうち発見の旅」を併設 | ライブラリー・オブ・ザ・イヤー大賞・オーディエンス賞受賞 |

（出所）筆者作成

### 表5-3　効果比較表（統一比較のための表）

| | 市・図書館名 | 瀬戸内市民図書館 | |
|---|---|---|---|
| | 運営者名 | 市直営（公募館長方式） | |
| | データ年度（改革前後） | 2012 | 2017 |
| 分子（効果絶対値） | A. 年間の貸出利用者数（万単位）<br>B. 年間の貸出冊数（万単位）<br>C. 年間の推定来館者数：3館合計（万単位） | 3.5<br>14.5<br>3.5 | 7.4<br>30.8<br>17.8 |
| 分母（基準化単位） | X. 人口規模（万単位）<br>ω. 行政コスト（直営のままの場合は歳出経費で比較）（万円単位） | 3.9<br><br>2035.4 | 3.8<br><br>9435.9 |
| 効果指標1<br>（人口1人あたり） | a. 人口1人あたり年間の利用者数<br>b. 人口1人あたり年間の貸出冊数 | 0.9<br>3.7 | 1.9<br>8.1 |
| 効果指標2<br>（行政コスト 万円あたり） | α. 行政コスト（万円単位）あたり年間の推定来館者数（3館合計） | 17.1 | 18.9 |
| 効率指標<br>（行政コスト 円） | γ. 年間の推定来客者数あたり行政コスト | 585 | 529 |

$a = A/X, b = B/X; \alpha = C/\omega, \gamma = 10000/\alpha$

**図5-1　市民図書館の内観**
（出所）撮影：中川正子

　瀬戸内市民図書館（図5-1）は、貸出利用以外にも、多様な市民の交流や文化財の展示を通して、地域文化の継承を踏まえたまちづくり活動を活発化させるという施策も志向していたため、図書館にどれだけの市民が来館してもらえるかという要素も重視していた。新図書館開館以前は来館者を計測する設備がなかったため比較ができないが、市民図書館は開館以来毎年15万人を超える市民が来館し、市内公共施設の中で最も多くの集客施設となっている。

## Ⅱ.「もちより・みつけ・わけあう広場」をつくる

### 1. 市民ワークショップ「としょかん未来ミーティング」

　「ライブラリーの会」が要望した新図書館整備プロセスへの住民参加の実現は、筆者にとっても重要な案件であった。瀬戸内市に赴任する前に勤務していた滋賀県東近江市立図書館は、市民協働によるまちづくり政策を積極的に進めていた自治体で、図書館はそうした活動の核となる市民や行政職員が集い議論や諸行事を展開する交流の拠点であった。

　できるだけ参加の敷居を下げ、市民の誰もが図書館づくりについての意見をもちよってもらえるよう配慮した。

一方で、行政による安易な協働事案は、「住民参加のアリバイ作り」、「政策調整の市民への押しつけ」といわれる施策批判もある。意見を聞くだけ聞いて、ガス抜きよろしく実際の計画推進はまるで別物となっては、市民から信頼される図書館として育たない。そのような意識をもちつつ、それでも市民との意見交換なしでは、図書館づくりの担い手として、市民に当事者意識（メンバーシップ）を感じてもらえないと考え、開催日と場所とテーマのみを告知し、事前申し込みなしで誰でも参加できるミーティングを実施した。

　2011 年（平成 23 年）11 月に開催した 1 回目のミーティングでは、「図書館が○○を解決してくれる」または「図書館が○○を与えてくれる」をテーマにワークショップを行った。ここでの「図書館が」は、図書館職員がではなく、自分たち利用者も含めて図書館にいる人全員で、あるいは図書館という場で、という意味で考えてほしいと参加者にお願いをした。

　2 回目は、「こんなにしたいな編」として、第 1 回目のワークショップで出された「図書館が○○を解決してくれる」または「図書館が○○を与えてくれる」のアイデアの内容を、具体的な形としてイメージするワークショップを翌年の 2012 年（平成 24 年）2 月に実施した。

　さらに 3 回目は、同年 2 月 25 日に特別編として、「『しあわせ実感都市・瀬戸内』を実現するために図書館が出来ること」というフォーラムを開催した。「人と自然が織りなすしあわせ実感都市瀬戸内」の実現に、図書館がどのように貢献できるかを考えようという主旨である。基調講演を「知の地域づくりと図書館～学校図書館、公共図書館の役割を考える～」と題して、片山善博氏（元総務大臣）にお願いした。

　このような市民ワークショップを経て、「基本計画」を策定した。ワークショップの成果は、「基本構想」をベースにした「基本計画」素案の内容が、参加者の意見と大きな乖離がないと確認できたこと、また具体的な機能やスペースのあり方について、ワークショップで出された意見を盛り込んだことである。

　2012 年度（平成 24 年度）は、第 4 回目として、「もう少し掘り下げて

みよう」と題し、「基本計画」に示した各スペースで、どのようなサービスや機能、設備を期待するかをワークショップ形式で出し合ってもらった。また、第5回目は、「振り返り編」ということで、これまでのアイデア収集が主眼の企画から「基本計画」素案を振り返りつつ、素朴な疑問や質問に応えることを主眼に実施した。

　そして第6回目は、「子ども編」として実施した。この企画に際しては、ワークショップの進め方や構成などの内容を、当事者である子どもたちに担ってもらおうと、企画運営委員を公募した。市内の中高生14人が参画して都合3回に及ぶ企画運営委員会を経て、小中学生対象、中高校生対象の2回の運営を取り仕切ってくれた。当事者である子どもたち自身が仕切ったワークショップ運営であったためか、参加者の子どもたちが実に楽しそうに、そして驚くほど活発な意見交換をしてくれた。さらに第7回目は「特別編」として、図書館情報大学名誉教授の竹内悊氏の基調講演、参加者によるティーチインを実施した。

　こうした取り組みで筆者が重視したのは、いただいた意見をできる限りくみ取るということはもちろん、行政計画として提案した図書館PTの検討作業と市民の考え、感じ方とのすり合わせを、できるだけ多くの機会を通じて行うことで、市民に図書館整備への当事者意識を醸成することであった。

## 2．事業承継を意識した組織マネジメント

　整備事業の推進と同時に、そのプロセスを活かした人材育成も重視した。こうしたプロジェクトでは、ともするとリーダーがすべてを仕切って事業を組み立て、他のスタッフは「手足」となって繰り出される業務を粛々とこなすということになりがちである。整備事業が完了した開館後は、館長よりも長く仕事をし、図書館経営を継承していくことになる他の職員が、市民協働による整備計画策定と自分たちの創意工夫によって実現した図書館という実感をもつことが何よりも重要である。

　市民ワークショップの内容や構成はもとより、市民から出たさまざまな意見と「基本構想」のすり合わせや具体的な事業内容の検討、あるい

は平面計画における各居室面積の調整や配架する図書の配置構成、5万点に及ぶ資料選書に至るまで、キャリアに応じた関与度の濃淡をつけながらすべての職員に何らかの分担と責任を振り分けた。

リーダーとしての館長は、フォロアーとしての職員との協業を志向しつつも、次のリーダーの育成も含めた人事マネジメントを行う必要がある。

## 3．新図書館整備とともに進めた図書館サービスの改善

### (1) 現況図書室の運営改善

瀬戸内市に筆者が就任した当初は、正規職員の司書は 1 名、臨時職員の司書が 2 名という配置状況であった。2011 年（平成 23 年）8 月から開館準備要員の枠として臨時職員の司書 1 名が加わり、各図書館・室を臨時職員が担当し、私と正規職員司書で新図書館の準備作業と後述する移動図書館運営、学校図書館支援を担当する体制とした。

まず、各館の担当司書と面談を行い、現在の問題意識と改善へのアイデアを聞き取った。また、これまでの新着図書の紹介に加え全館共通の「今月のテーマ展示」コーナーを設置し、テーマ企画を分担して行うこととした。加えて、公民館、美術館、博物館（備前刀剣博物館）などの企画事業や、市の施策に対応した関連ブックリストの作成と資料特設コーナー設置も始めた。

### (2) 市内全保育園・幼稚園への移動図書館車巡回

赴任したその翌週、早速市内保育園長会に出席させてもらい、移動図書館による絵本の貸出とおはなし会の実施について協力を呼びかけた。

図書館がどのような役割を果たし、何を自分たちにもたらしてくれるのか、図書館が十分に機能していないまちでは理解してもらうことが難しい。まずは移動図書館で市域全体に図書館サービスを届けることで、その在りようを現前化することが大切だとの考えから実施を急いだ。

職員体制も資料も車両もない中ではあったが、幸い、2010 年度（平成 22 年度）の「住民生活に光を注ぐ交付金」を繰り越しで執行することができたので、新図書館用も兼ねて絵本と児童書各 3000 冊ずつ購入

**図5-2　移動図書館車「せとうちまーる号」**
(出所) 撮影：瀬戸内市立図書館

をした。

　公民館の軽ワゴンにコンテナで10箱、約500冊を積んで、2011年（平成23年）10月から市内19か所の保育園、幼稚園への巡回サービスを開始した。1か月に1度、2冊の貸出と絵本の語り読みというささやかな取り組みであったが、移動図書館で借りた絵本を親子でに返却に来てまた借りて帰るという利用行動にもつながり、確かな手応えを感じた。現在は専用車「せとうちまーる号」（図5-2）で巡回を行っている。

## Ⅲ．行政連携と市民協働による「まち育て」

### 1．すべての自治体施策につながれる図書館

　図書館の整備段階から市役所の各部局に連絡し、市民に周知したい施策のパンフレットや事業のチラシがあれば図書館で配付するので送るよう依頼していた。人権啓発や消費者教育、子育て支援施策や認知症ケア関連の事業、変わったところでは下水道課の「マンホールデザインコンテスト」の案内等、さまざまな施策の資料が届いた。

　そうするうち、施策の市民啓発のパネル展や講演会の会場として図書館を利用させてもらえないかという要望が出てきた。図書館としても、

図5-3　病院事業部との連携
による医療セミナー

市民への情報提供として、「認知症サポーター養成講座」や健康医療情
報セミナーの開催を模索していたので、そうした要望を積極的に取り込
み、事業に関連する資料の展示、貸出やブックリストを作成して参加者
に配布するなどの行政連携事業を展開していった（図5-3）。

## ２．当事者意識（オーナーシップ）をもった市民によるさまざまな提案

　瀬戸内市民図書館が開館すると、多くの市民が来館した。とりわけ
「としょかん未来ミーティング」に参加していた市民は、ただ利用する
だけではなく、図書館での文化事業の具体策を提案したり、外構の緑地
帯や芝生の庭の手入れをしたりなどさまざまな活動を手伝ってくれるよ
うになった。

　「基本計画」づくりから参加し、設計段階でも平面図をにらみながら
意見を出し合った市民には、新しい図書館が「自分たちで作り上げた図
書館」という意識が芽生えていた。つまり、図書館の「お客」ではな
く、図書館活動の「当事者（オーナー）」としての意識が、市民の中に醸成されてい
たのであった。

　そうした市民からの意見を個別に聞き、対応することに限界を感じた

図5-4　市民協働事業による
「もみわ祭」のポスター

筆者は、何人かの市民に「図書館友の会」の設立を提案してみた。市民の中でもそうした構想をもっていた仲間ができており、開館翌年の2017年1月に「瀬戸内市立図書館友の会"せとうち・もみわフレンズ"」が設立された。26人から始まった友の会は「協力と提言」を会是に、今では100人を超える会員を有し、市の市民協働事業補助金を獲得し、図書館でのさまざまな文化事業を協働で実施している。

　例えば、毎年開館日の6月1日には「もみわ祭」というお祝いのイベントを開催している（図5-4）。企画から当日の運営まで、市民と図書館が役割を分担し、多彩なアクティビティを展開している。

## 3．「まち育て」のパートナーとしての住民

　地域に暮らす私たちが住みやすい状態を作り出すには、住民として何らかの関与が求められる。居住するエリアを自治体という範囲で捉えるならば、地方自治法の理念のひとつである「住民自治」という価値についても考えたい。納税の対価として公共サービスを受けるという「お客」であることを超えて、当事者として地域をよりよくしていくことに関わりをもつことは、デモクラシーの最も根源的な姿ではないだろうか。

「まち育て」とは、これまで重ねられてきた地域社会での営みを、時代の変化に適応できるよう、住民自身が当事者となって日常を見直し、より暮らしやすい地域づくりを進めていく姿を現した言葉である[4]。

　図書館は情報提供や住民相互のコミュニケーションを活発化させる装置として機能することで、この「まち育て」に貢献できるだろう。瀬戸内市での経験は、こうした思いを確信させてくれる貴重な日々であった。

---

## 注

1）瀬戸内市（2011）『新瀬戸内市立図書館整備基本構想』（http://lib.city.setouchi.lg.jp/kihon kousou.pdf　2019.10.30 閲覧）。
2）現在は発展的解散をし、メンバーだった市民は「瀬戸内市立図書館友の会・せとう・ちもみわフレンズ」の会員となっている。
3）「gacco（ガッコ）」JMOOC（日本オープンオンライン教育推進協議会）に加盟している（株）ドコモ gacco が提供しているサービス。大学レベルの講義を受けられる MOOC（大規模公開オンライン講座）プラットフォームで、約 30 本の講座が常時受講受付を行っている（https://gacco.org/index.html　2019.10.30 閲覧）。
4）「まち育て」という言葉は、延藤安弘が様々な文献で言及している。例えば、延藤安弘（2006）『私からはじまるまち育て―"つながり"のデザイン 10 の極意』風媒社、が参考になる。

## 参考文献

嶋田学（2019）『図書館・まち育て・デモクラシー――瀬戸内市民図書館で考えたこと』青弓社
瀬戸内市としょかん未来ミーティング HP（https://lib.city.setouchi.lg.jp/setouchi_lib/index.html 2019.10.30 閲覧）
「瀬戸内市立図書館 要覧 2017」（概要と平成 28 年度の事業実績）（https://lib.city.setouchi.lg.jp/c1/bib/pdf10325.pdf　2019.10.30 閲覧）
武久顕也（2015）「私が新瀬戸内市立図書館を公設公営にした理由」『出版ニュース』2015 年 4 月中旬号

# 第6章

# 地域活性化を目指した
# 指定管理者による図書館運営
## ――和歌山市民図書館の取り組み

## Ⅰ. 新館建設への背景と理念・特徴

### 1. 従前図書館の経緯

　和歌山市は、和歌山県の県庁所在地で中核市である。大阪の中心部からJR西日本ないし南海電鉄を使ってともに約1時間の位置にある。人口は、2019年（令和元年）現在約36万人である。ピーク時の昭和50年代は40万人あったが、ここ40年余りで1割減少している。

　従前の市民図書館は、1981年（昭和56年）に設置された。場所は、南海和歌山市駅から西へ500m、徒歩で10分程度のところにある。

　開設当時、まだ閉架式で運営されている図書館もある中で、新しい市民図書館は開架式を採用し、ずらっと十数万冊の本が並ぶ光景は感動的で、市民の好評を博したものである。

　蔵書数は、開設当初の約17万冊から約47万冊となっている。利用状況として、図書貸出数は、設置から数年は100万冊を超えていたが、直近では70万冊前後で横ばいとなっている。ただし、和歌山市の場合は、市民図書館以外に地域のコミュニティセンター図書室が5か所あり、相互でネットワークを形成していて、市民図書館の本とコミュニティセンターの本を互いに貸借している。よって市全体の図書貸出数はここ数年で約130万冊に及び、2017年（平成29年）5月に市民図書館の西分館が開設したことで、前年度比数パーセント増である。

　市民図書館では、図書館に親しんでもらうために、「子供のおはなし

会」を中心に行事を開催し、2018年度（平成30年度）は延べ231回、約5000人の市民参加を数え、さらに地域の課題に対応した講座等も開催してきた。また、市民図書館独自の活動として、日本人の海外移住関係の資料を集めた移民資料室を設置し、資料の収集保存に努めてきた。

## 2．従前図書館の課題

　従前の市民図書館の課題としては、高齢層を中心とした常連利用者が多く、貸出中心の非滞在型利用が多数を占める現状であり、後に述べるアンケート調査では図書館サービスの認知度、満足度ともに低いということが挙げられていた。

　市民図書館を取り巻く和歌山市の課題は、全国の都市が抱える問題と同じく、人口の減少、中心市街地の衰退である。

　また、従前の市民図書館にはハード面で耐震性能が基準に満たないという課題があり、今後の維持管理および運営の方針策定が急務であった。

　一方で、南海和歌山市駅前ビルの再開発計画が持ち上がり、市民図書館の課題と再開発ビルの賑わいの核となる施設が必要との観点から、市民図書館の移転計画が2015年（平成27年）7月の「市民図書館基本構想」で決定された。

　現行の南海和歌山市駅前ビルは、1973年（昭和48年）に開業した。開業当時は、ビルのテナントに百貨店が入り、1日の乗降客は南海電鉄で約4万2000人、乗り入れているJRが6000人、合わせて約5万人の乗降客があったが、現在は南海電鉄で約1万7000人、相互乗り入れしているJR西日本で約4000人、合わせて約2万1000人と、最盛期の半分以下の乗降客数となっている。2014年（平成26年）にテナントの百貨店が閉店して以降は、駅周辺は停滞状態となっている。

## 3．駅前への新計画

　そこで、南海和歌山市駅周辺の活性化のため、南海電鉄が実施する駅ビル再開発とともに市駅周辺の賑わいを復活させるべく、和歌山市では

**図6-1　和歌山市駅ビル全体像：市民図書館（点線内）と駅前広場の位置関係**
（出所）和歌山市提供

「和歌山市駅周辺活性化計画」を2015年（平成27年）5月に作成し実施
している。

　計画の概要としては、市駅周辺の徒歩圏内に3つの大学を開学させ、
認定こども園や小中一貫の義務教育学校を設置し、駅ビルに市民図書館
を配置することとし、教育施設を中心としたまちづくりを目指している
（図6-1）。

　市民図書館が和歌山市駅前地区再開発区域内に移転することの意義に
ついては、「市民図書館基本構想」で次のように整理されている。

①施設の安全と快適さを確保すると同時に、蔵書の充実、児童サービ
　スの拡充、中学生・高校生向けサービスの実施、子育て世代の支援
　や交流の促進、くつろぎを味わえる空間の提供など、現在実施でき
　ていないサービスや今後の市民のニーズに対応した図書館サービス
　を実現することができる。

②和歌山市駅は公共交通機関である鉄道と市内各地へ伸びるバス路線
　の結節点であり、移転により図書館へのアクセスが向上する。駅直
　結の利点をいかし、通勤・通学途上に利用する人の増加を見込め、
　関西空港も近いことから、県外・国外から和歌山市を訪れた人に地
　域観光情報を提供していくこともできる。

③図書館は集客能力の高い施設であるため、駅周辺に設置されること
　で商業施設や公共施設相互に回遊する人の流れがうまれ、人の賑わ

いが創出されると期待される。このことは、まちなかにおける新たな人の動きとなり、中心市街地活性化に寄与する。

④特に和歌山市駅周辺には、南方熊楠生誕の地や雑賀孫市ゆかりの地、勝海舟の寓居地や市堀川の水辺空間もあり、まち歩きを楽しむ要素が沢山あるため、和歌山市駅に図書館を移転することで、図書館利用者がまちを歩くことによる賑わいの創出が期待できる。

⑤駅に直結した図書館は、市民のニーズを把握することや図書館の情報を提供しやすくなり、市民とともに育つ図書館を作りあげることが可能となる。

さらに基本構想では、新しい市民図書館の基本目標を次のとおり定めている。

①すべての市民が、利用しやすい図書館をめざします。
②情報拠点として、資料の充実をめざします。
③市民の学びと、課題解決の支援をめざします。
④郷土の歴史と文化の継承をめざします。
⑤人と人とのつながりを育む図書館づくりをめざします。
⑥まちの拠点となる図書館をめざします。

これらの基本目標を集約する基本理念として「図書館がつなぐ—『本と人』『人と人』『人とまち』」を掲げ、市民図書館の移転計画として「和歌山市民図書館基本計画」を2016年（平成28年）3月に策定した。

## Ⅱ．住民との地域価値共創の仕組み

### 1．アンケート調査

市民図書館基本計画を策定するため、アンケート調査を実施して課題・ニーズを把握するとともにワークショップを開催し、課題把握に努めた。

アンケートでは、気軽な図書館の利用につなげるべく、開館日、開館時間の延長やカフェの設置、蔵書の充実等についてうかがった。

## 2．ワークショップ

　ワークショップは４回開催し、10代の高校生から70代まで、毎回三十数名の参加者による活発な意見交換と成果発表がなされた。

　まちとのつながりで図書館を考えることは、市民にとって、ふだん生活している場の中に図書館サービスをどのように位置づけるかを問い直すということであり、ワークショップで抽出された各テーマは、現在和歌山市に住む市民の生活実感を反映していると考えられる。

　ワークショップを通じて、参加者はあらためて和歌山市がもつ多様な資源に気づく一方、そうした資源についての情報を整理するなかで、自分たちにわかりやすい形で伝わっていないと感じたようである。そのため、情報の拠点である図書館へ寄せる期待も、「和歌山の情報」を収集・整理し、活用できるように発信する場としてのあり方に関心が集まったと考えられる。

　「和歌山の情報」といっても、文化・歴史・観光などさまざまな切り口があるが、それらについて資料・情報の十分な蓄積を行い、効果的な活用を図るためのハード面の検討をする必要がある。資料・情報としては、文字資料のほかに映像資料や郷土資料、地域の中でのみ流通するミニコミ資料なども必要である。観光案内機能との連携、スペースの検討、情報発信機器導入の検討、地域の歴史を知る市民のマンパワーの活用、博物館やギャラリー等他の文化施設との連携も検討する必要がある。

　子育て・教育・働き方・地場産業など、生活により密着した視点からの情報も求められている。

　これらのテーマについては、個人への資料・情報の提供とともに、同じ課題を共有する市民同士の情報交流が行える場の提供が求められる。

　また子育て支援については、図書館を気兼ねなく利用したいというニーズが多く、施設のゾーニングの配慮や託児等のサービスとの連携も検

討する必要がある。

　文化・歴史・観光を中心とした和歌山の情報発信、市民生活の課題に密着した情報と場の提供のためには、本を中心とした資料・情報の収集・整理・保存と提供という、基本的な図書館機能の充実とともに、より多くの人にサービスを知ってもらい、利用してもらうための仕掛けが必要である。具体的には、さまざまなイベント（講座、講演会、上映会、展示会、地場産品の販売会、地域のショップとの連携等）の実施、多様な市民・利用者が交流できる場の提供が挙げられる。

　そのためには、駅とつながっているという立地条件を活かすことや、カフェ・広場といったコミュニティ機能を取り込むための検討も必要である。

　ワークショップでは、周辺のまち歩きを行って、歴史ある和歌山市のまちなみなど、日常に埋もれたまちの魅力を発見する作業も行った。

　例えば、市駅周辺で古くからある日本酒の酒蔵や史跡等を巡り、特に食べ物に関しては、海に近いことから新鮮な魚が安く食べられるなどといった、まちの魅力の再発見に努めた。


### 3．「市民図書館基本計画」

　こうしたアンケートやワークショップで検討された市民ニーズに対応するために、開館時間の延長や蔵書を 60 万冊に増やすことなど、図書館サービスを充実させることを基本として、まちの賑わいに大きな役割を果たす新しい図書館を目指すための基本的な考え方として「市民図書館基本計画」を策定した。

　和歌山市民図書館は、地域資料や移民資料など貴重な資料をもちながら、市民の認知度が低く十分活用されていないことから、新たな活用法の開発や図書館サービスの積極的な PR により、これまで図書館を使わなかった層、図書館から離れてしまった層を呼び込む必要がある。

　さらに市民満足度等向上のため、既存サービスの一層の充実とともに、和歌山市ならではの情報発信、市民の交流と課題解決支援、立地を活かした付加価値の高いサービスの提供など、新しいサービス導入を積

極的に図るべきである。和歌山市民図書館のサービス計画基本方針を、次の3点に置くこととした。

1）和歌山市の地域特性及び新図書館の立地特性を活かす。
2）時代や社会の移り変わりから生じる市民の新たな課題解決の要求に応え、利用者対象別に最新の資料・情報・場を提供するとともに、閲覧・貸出・レファレンスサービスの充実を図る。
3）市民の交流と市民参加を含めさまざまな連携によりサービスを展開する。

## 4．施設計画

以上の基本方針に基づく施設計画として、図書館が和歌山市駅前地区再開発区域に移転する予定であり（2020年〔令和2年〕開館）、この「新図書館」は延床面積約6000㎡、4階建の想定となっている（図6-2、図6-3）。この想定のもと、図書館として必要な機能を整備し、人の流れを生む立地特性を施設計画に着実に反映していく必要がある。そこで、和歌山市民図書館の施設計画基本方針を、次の3点に置くこととした。

1）誰もが使いやすく行きたくなる魅力ある施設とする。
2）多様な市民ニーズに対応し、相互に共存できるゾーニングをする。
3）トータルランニングコストを縮減できる効率的な設計とする。

## 5．新図書館管理運営の基本的考え方

また、新図書館管理運営の基本的考え方としては、本市の新しい顔として、積極的なサービス展開を図りつつ、効率的で効果的な運営を行っていく必要があり、管理運営計画基本方針を、次の3点に置くこととした。

1）創造力豊かな専門的人材を育成・配置し、柔軟な運営体制を構築

1階：一般図書、ブック＆カフェ、まちのコンシェルジュ、物産販売

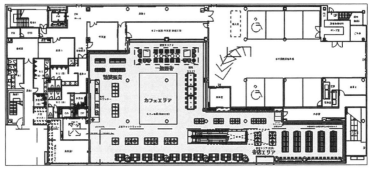

2階：一般図書、有吉佐和子文庫、ヤングアダルト、集会室

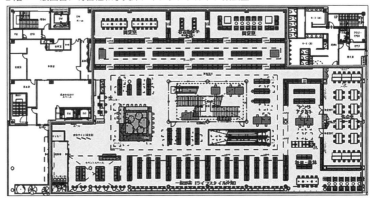

図6-2　新市民図書館の施設構成（1階・2階）
（出所）和歌山市提供


する。

　2）サービスの向上と業務効率化を推進する。

　3）市民の力を活用した「みんなで育てる図書館」を目指す。


## 6．指定管理者制度の導入

　また、運営については、現在の直営から指定管理者による運営に移行
することになったが、これについてさまざまに議論があった。

　公共図書館は社会教育施設であるから自治体の直営であるべきである
との意見も少なからずあったが、先の新図書館サービス方針に基づく新

3階：一般図書、レファレンス、郷土資料、移民資料室、学習室

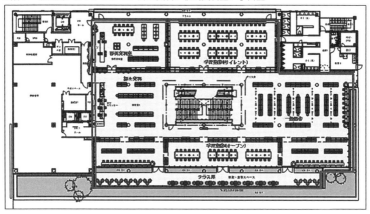

4階：こどものフロア、キッズスペース、子育て支援拠点施設

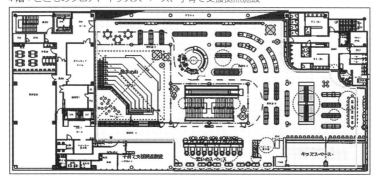

**図6-3　新市民図書館の施設構成（3階・4階）**
（出所）和歌山市提供

しい図書館づくりのためには、民間の創意工夫による民間活力の導入が
必要であるとの結論で指定管理者制度の導入を決定した。さらに指定管
理者に対しては、図書館の書架等、空間イメージについての提案も求
め、時代のニーズに応じた魅力ある図書館創りを目指した。

## Ⅲ．基礎データ

和歌山市民図書館の基礎データを表6-1に掲げた。

表6-1 和歌山市民図書館の基礎データ

| 面積<br>(km) | 208.85 | 運営<br>形態 | 指定管理 | 立地<br>地域人口<br>（令和元年 11 月現在） | 35.5 万人 |
|---|---|---|---|---|---|
| 設立の<br>経緯 | 昭和 56 年 7 月　　旧和歌山市民図書館開館<br>平成 27 年 5 月　　新和歌山市民図書館基本構想策定<br>平成 28 年 3 月　　新和歌山市民図書館基本計画策定<br>平成 30 年 1 月　　指定管理者を決定<br>令和 2 年 4 月　　新和歌山市民図書館開館 | | | | |
| 歳出予算<br>規模 | 2017（H29）年度（制度変更前） | | | 2020（R2）年度（制度変更後） | |
| | 2 億 9784 万円 | | | 3 億 3378 万円 | |
| 貸出利用者数 | 17 万 7844 人 | | | ― | |
| 貸出冊数 | 79 万 5373 冊 | | | ― | |

# Ⅳ．持続的な運営に向けたポイント

　新市民図書館には、2 つの大きな使命があると考えている。

　1 つ目は、地域の課題に対応したまちづくりの核となることである。現在の市民図書館の来館者は年間 20 万人であるが、これまで図書館を利用してこなかった市民にも広げ、50 万人から、できれば 100 万人の来館者を目標とすることとしている。

　2 つ目は、社会教育施設としての公共図書館の役割、市民の読書を振興していくことである。

　残念ながら、総務省の直近の調査では、和歌山県民の読書に親しむ割合は、全国で最下位である。こうした状況を改善するため、図書館の蔵書や図書館の本館、分館のネットワークを充実させ、市民が本と出会い、人と人のつながりを育むための仕掛けづくりが必要である。

　また、市民の読書振興にとって大事なのは、子どもの読書活動の推進である。このためには、学校図書館の活性化への市民図書館の関わりを始めとしたトータルな読書施策の展開が必要である。

　こうした市民の読書活動を推進するための第一歩として、新市民図書館の開設があるのであり、民間事業者と行政の協働により、新たな行政施策を発展させていくことが今後ますます必要になってくると考える。

# 第 7 章

# 指定管理者からみた
# 行政とのコラボレーション
## ――CCC の運営図書館・5 つの特徴と 3 つの約束

　カルチュア・コンビニエンス・クラブ株式会社（以下、CCC）では、2020 年（令和 2 年）1 月現在、以下に挙げる図書館と公共施設を指定管理者として運営している。

**【CCC が運営する図書館と公共施設】**
　①武雄市図書館・歴史資料館（佐賀県武雄市）
　②海老名市立中央図書館（神奈川県海老名市）
　③多賀城市立図書館（宮城県多賀城市）
　④高梁市図書館（岡山県高梁市）
　⑤周南市立徳山駅前図書館（山口県周南市）
　⑥延岡市駅前複合施設エンクロス（宮崎県延岡市）

## Ⅰ．最初に手掛けた図書館

### 1．プロジェクトの始まり

　最初に手掛けたのは、2013 年（平成 25 年）4 月にリニューアルオープンした佐賀県武雄市の武雄市図書館・歴史資料館（以下、武雄図書館）である。

　CCC は「カルチュア・インフラを、つくっていくカンパニー」をブランド・ステートメントに掲げ、当時は TSUTAYA を中心としたエンタテインメント事業で知られていたが、2011 年（平成 23 年）12 月、当

時の武雄市長が、テレビ番組で東京・代官山にオープンした代官山 蔦屋書店を知り、その後現地を視察、「このような施設を武雄市につくりたい」という強い希望でプロジェクトが始まった。さまざまな議論とプロセスを経た後、2013年（同25年）4月CCCが運営する初の公共図書館が開館した。

## 2．武雄市図書館の「9つの市民価値」

　CCCが武雄市から依頼されたのは図書館のコンセプト設定からサービス企画、空間設計、そして運営までを一気通貫で担うことであった。同館のコンセプトを「市民の生活をより豊かにする図書館」と定め、以下の9つの市民価値を提供することを目指した。これらのいくつかは、現在においては必ずしも珍しいものではないが、当時の公共図書館としてはかなり思い切った内容であり、賛否両論さまざまな議論があった。

　①20万冊の蔵書すべてを開架にする
　②雑誌が買える
　③コーヒーやお茶が飲める
　④Tカードで本が借りられる
　⑤1年365日、毎日、朝9時から夜9時まで開いている
　⑥文具が買える
　⑦映画や音楽がある
　⑧エンタテインメントなど、本以外の価値も提供する
　⑨検索性を高め情報へのアクセスを容易にする

　リノベーション以前の武雄市図書館は、建物としては築14年と決して古くはないが、内部空間には際立った特徴はなく、いわゆる町の静かな図書館というイメージであった。空間設計の依頼に応え、ここに圧倒的な空間価値を創出するため、内装を全面的にリニューアルした。予算を少しでも抑えるため、図書の運搬など通常は業者に任せる作業をCCCスタッフで行うなどの工夫を重ねた。

## 3．武雄市図書館の何が変わったか

　2013 年（平成 25 年）4 月 1 日にリニューアルオープンした武雄市図書館は、まず入口を入った所にカフェがあり、書店がある。図書館はその奥に広がっている。カフェと書店は、行政区画の目的外使用として導入した。

　CCC が指定管理者になって以降の主な変更点は以下の 5 点である。

　①運営・管理：武雄市から CCC に変更。
　②開館時間：以前は年 35 日休館、10:00 ～ 18:00 開館時間だったものを、365 日、9:00 ～ 21:00 開館とした。
　③蔵書数：蔵書 18 万冊、うち開架図書は 10 万冊だったが、20 万冊に増やし、ほぼすべてを開架とした。
　④座席数：187 席を 279 席に増やした。
　⑤面積：300 坪の図書館を 560 坪にした。カフェや書店を入れても図書館面積が増えた理由は、以前あった倉庫や職員室、館長室などの面積を減らし、市民利用ゾーンを増やしたため。

## 4．来館者数、貸出冊数の変化

　CCC の運営以降の最も大きな変化は、来館者数と貸出冊数である。以前の武雄市図書館の来館者数は、1 年間で 25.5 万人だったが、リニューアル後は 1 年間で 92.3 万人に上った。現在でも、平日で 1200 人から 1500 人、週末になると 3000 人が来館している。大型連休中には 5000 人が来館する日もある。市の人口の 10％が週末、大型連休に図書館の周りに集うということになる。

　中でも極めて特徴的なのはリニューアルオープン後の 3 か月間に来館した人の 57.4％が「初めて武雄市図書館を利用した人」ということである。これは、これまで図書館に関心のなかった層に、図書館の存在価値をアピールできたことを意味している。

　2019 年（平成 31 年）の 2 月には累計来館者数が 500 万人を突破した。
　また、2017 年（平成 29 年）には、武雄市図書館の隣に「武雄市こど

も図書館」を新設、こちらも多くの子どもや家族連れで賑わっている。

　一方、図書貸出冊数は、年間 34 万冊から 54.5 万冊に増加した。すなわち、市民 1 人あたり約 10 冊が貸出されたことになる。

### 5．市外・県外・海外からの来館

　年間約 100 万人が来館するようになると、町の様子にも変化が起きる。例えば、駐車場でナンバープレートを観察してみると、平日は 7 割が武雄市民、3 割が市外・県外からの来館者だが、週末になるとそれが逆転し、7 割が市外・県外からとなる。週末に武雄を観光し、図書館にも立ち寄る人が増えたと考えられる。

　さらに近年の大きな変化として、外国人旅行者を乗せた大型観光バスが駐車場にやってくるようになり、韓国、台湾、中国、タイからの観光客が急増した。武雄市の外国人旅行客は、2012 年（平成 24 年）は 1822 人であったが、2017 年（同 29 年）には 2 万 3543 人と、その増加率は実に 13 倍にも及ぶ。これは、これらの国々で刊行されているガイドブックの九州のページの多くに武雄市図書館が掲載されているためであり、旅行ガイドの情報や外国人観光客の SNS が、さらなる来館を誘引していると思われる。

### 6．町と共に成長する

　図書館ができ、市外・県外や海外からの来訪者が増えたことで、町は確実に変化した。2017 年（平成 29 年）には駅前のホテルが増築され、オートバックス（2016 年〔平成 28 年〕）、ケーズデンキ（2016 年〔同 28 年〕）、ニトリ（2016 年〔同 28 年〕）、スシロー（2017 年〔同 29 年〕）、市内に 2 店舗目のスターバックス（2017 年〔同 29 年〕）などが出店し、活気が生まれた。

　また、雑誌『東洋経済』が発表した九州・沖縄の住みよさランキング（東洋経済新報社）では、2015 年（平成 27 年）まで、ランク外だった武雄市が、2016 年（同 28 年）には 14 位、2017 年（同 29 年）には 13 位に上昇した。

これらの実例から公共図書館は、やり方次第で町づくりに多大な影響を及ぼすことのできる施設となり得ることがわかる。

## Ⅱ．その後、手掛けた図書館

### 1．海老名市立中央図書館

　CCCでは、2015年10月から武雄市図書館に続き、人口13万人の神奈川県海老名市で海老名市立中央図書館を指定管理者として運営している。武雄市と同様に、コンセプト設定、サービス企画、空間設計、運営までを担い、築30年目の図書館をリニューアルした。

　4階建て地下1階の建物は、以前は、3階が青少年相談センター、4階がプラネタリウム、地下は閉架書庫で、図書館は1階・2階部分のみだったが、リニューアル後は、地下1階から4階まですべて図書館にし、1階部分に蔦屋書店とカフェも併設した。

　円柱状のプラネタリウムの壁の曲線を活用した書架をしつらえ、3階には117席の学習室を備え、地下は書斎のような落ち着いた空間に、プラネタリウムだった4階は子どもたちが楽しめる児童のフロアに改装した。

　この図書館の大きな特徴は、自習目的の利用者が多いということである。資料を持ち込んでの席のみの利用を禁止する図書館はいまだに少なくないが、近隣の学校に通う学生にとっては切実なニーズとなっている。自習室の席を確保するため、週末には50人ほどの利用者が開館待ちで並ぶ。試験前になるとその列は150～200人に及ぶ。

　一方、「多様性と可能性を育む図書館」をコンセプトに掲げているとおり、海老名の図書館では図書だけではなく、多様な体験や人から学ぶための仕掛けづくりを行っている。ものづくりのワークショップや学芸員によるアートの講座、落語会や音楽ライブ、ドローンの体験会など、さまざまな機会を提供している。

　また、人材の多様化にも対応し、外国人スタッフの積極的な雇用により、英語の読み聞かせや、英語でのコミュニケーションを通じてグロー

バル教育のきっかけづくりを提供している。さらには、外国人スタッフによる母国料理のパーティを行い、国際理解を深めるなど、スタッフ間の積極的な交流も支援している。

### 2．多賀城市立図書館

　3館目として手掛けたのは、2016年（平成28年）3月に開館した宮城県多賀城市の多賀城市立図書館である。

　同館は、CCCが手掛けた初の新築図書館であり、書店、カフェのほか、映画や音楽のレンタルフロア、レストラン、コンビニエンスストアも併設した。

　「家」をコンセプトにした建築デザインは、東日本大震災で被災し、家族や親戚、地元の仲間と離れ離れになった多賀城市民が、再びひとつの「家」に集うという願いを込めたものである。

### 3．高梁市図書館、周南市立徳山駅前図書館

　2017年（平成29年）の2月からは岡山県高梁市の高梁市図書館を指定管理者として運営している。老朽化した備中高梁駅の建て直しに際し図書館を併設させる計画があり、図書館部分の企画運営を委託された。図書館の中には観光案内所も設置し、土産物販売と合わせて指定管理を担っている。

　また、2018年（平成30年）2月からは、山口県周南市で周南市立徳山駅前図書館のサービス企画、運営を行っている。新幹線の徳山駅前に直結した同館は、建築家・内藤廣氏の設計によるもので、駅に直結した2階部分では地域の土産物販売も行っている。

## Ⅲ．5つの図書館で起こした変化

### 1．来館者数、貸出冊数等変化のまとめ

　以上5館について、CCCによる指定管理前、指定管理後の変化を表7-1にまとめた。CCCによる指定管理業務開始後1年間とそれ以前の

## 表7-1　5館の図書館の変化

| | 来館者数 | | 貸出冊数 | | 貸出者数 | |
|---|---|---|---|---|---|---|
| | 指定管理前 | 指定管理後 | 指定管理前 | 指定管理後 | 指定管理前 | 指定管理後 |
| 武雄市図書館 | 26 万人 | 92 万人 | 34 万冊 | 55 万冊 | 8 万人 | 17 万人 |
| 海老名市立中央図書館 | 41 万人 | 70 万人 | 52 万冊 | 70 万冊 | 16 万人 | 25 万人 |
| 多賀城市立図書館(本館) | 9 万人 | 142 万人 | 23 万冊 | 80 万冊 | 5 万人 | 23 万人 |
| 高梁市図書館(移動図書館除く) | 2 万人 | 66 万人 | 6 万冊 | 20 万冊 | 1 万人 | 6 万人 |
| 周南市立徳山駅前図書館 | ― | 186 万人 | ― | 46 万冊 | ― | 16 万人 |

(注) 各図書館の実績値算出期間
　　[指定管理前]
　　武雄市図書館：2011 年 4 月～ 2012 年 3 月
　　海老名市立中央図書館：2014 年度の 8 か月（2014 年 4 月～ 11 月）の平均実績を 12 か月換算した値
　　多賀城市立図書館（本館）：2014 年 4 月～ 2015 年 3 月
　　高梁市図書館：2015 年 4 月～ 2016 年 3 月　※指定管理前の 2016 年度は 4 月～ 8 月までの 5 か月のみの開館のため、前々年度の実績値を記載
　　[指定管理後]
　　開館月含む 12 か月間実績
　　但し、多賀城市立図書館（本館）はリニューアル開館日が 3 月後半のため翌月より起算

## 表7-2　効果指標表（統一比較のための表）

| 市・図書館名 | | 武雄市図書館 | | 海老名市立中央図書館 | | 多賀城市立図書館 | | 高梁市図書館 | | 周南市立徳山駅前図書館 | |
|---|---|---|---|---|---|---|---|---|---|---|---|
| 運営者名 | | CCC（指定管理） | | | | | | | | | |
| データ年度（改革前後） | | 2012 | 2013 | 2014 | 2015 | 2015 | 2016 | 2016 | 2017 | 2017 | 2018 |
| 分子(効果絶対値) | A.年間の来館者数(万単位) | 26 | 92 | 41 | 70 | 9 | 142 | 2 | 66 | 0 | 186 |
| | B.年間の貸出冊数(万単位) | 34 | 55 | 52 | 70 | 23 | 80 | 6 | 20 | 0 | 46 |
| 分母（基準化単位） | X. 人口規模（万単位） | 5 | 5 | 13 | 13 | 6 | 6 | 3 | 3 | 14 | 14 |
| 効果指標1(人口1人あたり) | a. 人口 1 人あたり年間の利用者数 | 5.2 | 18.4 | 3.2 | 5.4 | 1.5 | 24.2 | 0.7 | 22.0 | 0.0 | 14.3 |
| | b. 人口 1 人あたり年間の貸出冊数 | 6.8 | 11.0 | 4.0 | 5.4 | 3.8 | 14.0 | 2.0 | 6.7 | 0.0 | 3.0 |

a＝A／X, b＝B／X
(注) データ年度（指定管理前後の実績値算出期間）は表 7-1 と同じ。一部のコスト情報について、公開された情報から入手が困難なため、他の章で作成されている「行政コストあたり効果」等の指標を省略

実績を比較している。

　例えば多賀城市は人口約 6 万人だが、年間来館者数は 100 万人を超え、貸出冊数も 80 万冊に上る。多くの町において、図書館周辺に賑わ

A. 武雄市図書館 （実施日：2018年10月9日〜10月15日）
「現在の武雄市図書館について、どうお感じですか。」
（n = 336）

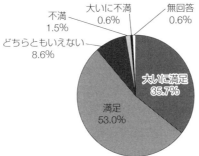

B. 海老名市立中央図書館 （実施日：2018年11月5日〜12月31日）
「現在の海老名市立中央図書館について、どうお感じですか。」
（n = 430）

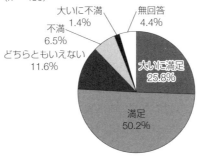

C. 多賀城市立図書館 （実施日：2019年3月1日〜3月14日）
「現在の多賀城市立図書館について、どうお感じですか。」
（n = 510）

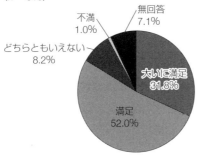

図7-1　各図書館についての満足度

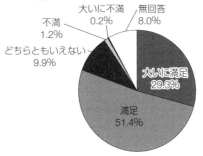

D. 高梁市図書館（実施日：2018年11月3日〜11月11日）
「現在の高梁市図書館について、どうお感じですか。」
（n = 426）

図7-1　各図書館についての満足度（つづき）

いが創出でき、町の活力を生み出すきっかけを与えたと考えている。

## 2．利用者の満足度

　来館者「数」だけではなく、利用者の「満足度」も重要な指標のひとつである。CCCでは、年に1度、利用者に対しアンケート調査を実施している。2018年度（平成30年度）のアンケートによれば図書館に対して満足か否かを問う設問に「大いに満足」「満足」と答えた利用者は、武雄市の場合88.7%、海老名市では76%、多賀城市では83.8%、高梁市では80.7%であった（図7-1）。満足ではないと答えた約20%の利用者が不満に思う理由は、「満席で座席がない」、「席を増やしてほしい」、「駐車場が満車」というものが多い。

## 3．高い満足度をつくった要因：CCCの図書館の5つの特徴

　上記のアンケートで約8割の利用者が満足する理由は、以下の5点が考えられる。

⑴ 1年間365日、朝から夜まで開館していること

　公共図書館は全国に3200館以上あるが、年末年始も含め、年中無休で開館しているスタッフ常駐の公共図書館は、CCCが運営する5館のみである。「正月に図書館に来る人がいるのか」と疑問を投げかけられ

ることもあるが、例えば、2016年（平成28年）1月1日の海老名市立中央図書館では、約120名が9時の開館を待って列をつくり、翌2日には約140名が列に並んだ。2018年（同30年）1月2日も約120名が並び、これは毎年の光景となっている。

　これらの利用者は主にセンター試験を目前にした受験生である。彼らとしては、受験に向けて最後の追い込みがしたいが、家の中ではそれが難しい。価値観が多様化した今も、日本における大学受験は、人生の岐路を決定する重要なステージだと考える人は多い。前述のように、資料を持ち込んでの自習目的の利用を禁止する図書館も少なくないが、こうしたニーズには可能な限り応える図書館でありたいと考えている。

　一方、武雄市など地方都市の図書館では、正月には、帰省している友人同士が集まり、「久しぶり」と挨拶を交わす光景が見られる。都会から帰省した若者同士が再会する場として、図書館が活用されているのである。かつては、このような場所は大型商業施設だけだったが、町の中心に図書館ができ、正月も開館しているため、久しぶりの集いの場として機能している。図書館が町の象徴として市民権を得ていることの証でもある。

## ⑵ BOOK & CAFÉ

　満足度を上げる2つ目の要因はBOOK & CAFÉである。なぜ図書館にBOOK & CAFÉを入れているのか、という質問は各方面からたびたび受けるが、理由は極めてシンプルで利用者がそれを望んでいるためであり、「図書館の魅力化」のためである。

　CCCは、新規の図書館プロジェクトでは必ず市民にアンケートを実施し「今後図書館に増えたらうれしいサービスは何か」を尋ねている。武雄市図書館の企画時、当時の図書館内と近隣商業施設で実施したアンケートでは、1位は「カフェ」で、2位を大きく引き離していた。武雄市に限らず、どの町でも同様のアンケートで利用者が一番望んでいるものは「カフェ」であることが多い（図7-2）。

　図書館に書店を併設しているのも、アンケートで利用者の要望を聞き、検討した結果である。「今後、図書館で増やしてほしい資料は何

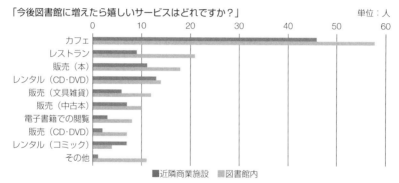

「今後図書館に増えたら嬉しいサービスはどれですか？」　　　　　　　　単位：人

■近隣商業施設　■図書館内

**図7-2**　武雄市図書館リニューアル前に実施した CCC アンケート「今後図書館に増えたらうれしいサービスは何か」（複数回答）

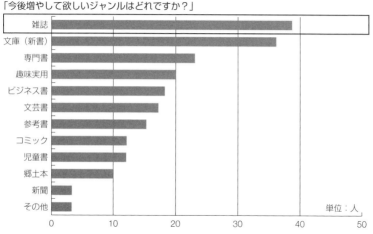

「今後増やして欲しいジャンルはどれですか？」

単位：人

**図7-3**　武雄市図書館リニューアル前に実施した CCC アンケート「今後図書館の蔵書として増やしてほしい資料は何か」（複数回答）

か」という質問に対する回答のトップ2は、多くの町で、「雑誌」「文庫」となる（図7-3）。しかし、図書館予算で雑誌タイトル数を増やすには困難がつきまとう。雑誌1タイトルを増やすということは週刊誌であれば年間52冊、月刊誌でも年間12冊を購入することになるからだ。

　図書館の雑誌資料にはさまざまな価値があるが、小さな町の図書館では、保存価値より鮮度価値を優先せざるを得ない。他館をみても、保存

しきれないバックナンバーは破棄し、最新 1 年分しか保存しない図書館もある。したがって、雑誌資料による情報の鮮度価値を高めるには、タイトル数を増やし最新情報を担保するという方法が現実的であるといえる。

　そのひとつの解が書店の併設である。CCC が運営する図書館に併設している書店では、雑誌や MOOK を数多く揃え、かつ、図書館内で自由に読み、気に入ったら購入できるという仕組みにしている。結果的に、5 万人の町の平均的な図書館で利用者が読むことができる雑誌はおおよそ 100 誌から 200 誌であるのに対し、CCC が運営する図書館では500 誌規模への情報アクセスが保証されている。

### (3) 滞在型の図書館

　満足度を高めている理由の 3 つ目は、滞在型図書館であるということである。利用者の駐車場の入出場時間から算出した平均滞在時間は 120分であり、館内での過ごし方は、本を読む、子どもや孫と来て一緒に楽しむ、カフェで友人と語らう、勉強する、ワークショップに参加するなど多岐にわたっている。

　図書の貸出返却にとどまらず、図書館という「場」を活用し、誰もが自分なりの使い方で利用している。

### (4) イベント

　高い満足度の 4 つ目の要因はイベント回数の多さである。これは入館数を増やす客寄せ的な試みとは異なるものである。地方からの流出の大きな要因のひとつは、地方における「文化的過疎」である。この課題を図書館で解決するための方法を日々模索している。脳科学者の茂木健一郎氏、チームラボの猪子寿之氏、作家の羽田圭介氏など著名人のトークイベント、地域のボランティアと共に行う読み聞かせ、朝ヨガ、ドラッグクイーンを招いて LGBT について考えるセミナー、コンサート、マルシェ等、テーマは多岐にわたるが、2016 年度（平成 28 年度）は、武雄市図書館で 246 回、海老名市立中央図書館で 239 回、多賀城市立図書館で 272 回のイベントを開催し、参加者は延べにして 1 万人を数えた。

　コンサートや演劇、ファッション等、都心と比較して相対的に文化接

触機会が少ない地方都市において、市民が発見したり刺激を受けたり、何かしらの成長につながる機会をイベントという体験の時間で提供したいという願いが根底にある。

⑸ オリジナル分類

CCC が運営する図書館では、日本十進分類法（NDC）ではなく、オリジナル分類を用いている。NDC は既存の知識を体系化するには非常に有効だが、新しい概念を表現するのに限界がある。現に、近年 NDC を崩し別置したり、独自の分類で図書を配架する図書館も増えてきた。CCC は書店事業を行ってきたこともあり、利用者がより直感的に本を見つけられるための工夫として、独自分類を採用した。

例えば夏に「家族旅行でテーマパークに行こう」と図書館に来た利用者がいたとする。NDC では「産業（6）→観光事業（689）→遊園地事業、遊園地（689.5）という棚を探すことになる。しかし、CCC が運営する図書館ではテーマパークのガイド本に「旅行→テーマ別旅行→テーマパーク」という平易な書き下しの分類を付与することで直感的に思った場所でほしい資料が手に取れるようにしている。とりわけ料理、趣味、旅行などの生活に密着したジャンルについては、分類をより細かく設定している。


# Ⅳ．CCC が大事にしている 3 つの約束

CCC では、運営を担う際、行政との契約という意味とは別に、自らに以下の3つの約束を課している。いわば「覚悟」のようなものである。

①コミットメントを強くする
② 100 の価値を構築する
③感情との同期をとる

## 1．約束①コミットメントを強くする

　CCC が図書館の指定管理を担うときは、必ず、コンセプト設定、サービス企画、空間設計、運営を一気通貫で行う。

　通常、公共施設では、コンセプトは A 社、サービス企画は B 社、内装設計・建築は C 社、運営は D 社という分離発注が多く見られる。機会の平等性を担保できる点では理にかなった方法だが、段階を経て伝言ゲームのように伝わっていくコンセプトは、運営者に正しく理解されにくく、コンセプトの空洞化が起きる可能性がある。そして、運営する上で使い勝手の悪い内装設計、利用者にとって居心地の悪い空間が出来あがってしまう場合も少なくない。

　CCC は、市民や有識者と共にその地域に合うコンセプトをつくり、それを具体化するサービス企画を考え、設計者と一緒にコンセプトを実現できる空間をつくり、運営につなげている。ボールをパスするのではなく、持ちながら走り、ゴールを目指すようなイメージである。設計者への要件定義や打合せ、オープン準備、スタッフの採用と教育、オープン後には町の小学生の受け入れやイベント企画・運営をすべて自分たちで行う。その一連の過程に通底しているのは、利用者の立場に立った圧倒的な現場感覚である。

## 2．約束② 100 の価値を企画する

　CCC の図書館のサービス企画段階では、100 項目の図書館の価値・魅力を作ることを目指している。価値とは換言すると「利用者が図書館に行く理由」である。図書館に行く理由が、例えば 6 つしかなかったとすると、当然足を運ぶ利用者はその 6 つに魅力を感じる人に限られる。しかし 100 の価値を用意すれば、多種多様な多くの利用者にアピールできる。

　ただ、実際現場で運営すると、考えた価値のうち 7 割程度しか実現できない場合も多い。だからこそ、最初に思いつく限りの価値をつくる必要がある。10 の価値を目指したら 7 つしか実現できないが、100 の価値を目指したら 70 は実現できスケールメリットが生かされる。企画会議

では徹底的にブレーンストーミングを行い、その町に住む人々の隠れたニーズを満たす図書館の価値を挙げていくということを必ず行っている。

## 3．約束③感情との同期をとる

　公立図書館は、基本的にはその地域の市民のためにある。ところが、その公共サービスを担う指定管理者は、いわばよそ者である。だから、指定管理を請け負ったら、自分の感情を市民感情に徹底的に同期させ、自分の視線を市民の目線に追い込むようにしなければならない。

　そのため担当スタッフは実際に開館の1年ほど前からその町に住み、その町の住人になる。そして、図書館のデータよりはむしろ、その町そのもののデータを頭に叩き込む。蔵書数や貸出冊数のような数値より、デモグラフィックデータ、ライフスタイルに関するアンケート、未来予測分析といった資料を読み込み、自分の言葉で語れるようになるまで咀嚼することから始める。

　例えば、自治体が調査する市民アンケートで「育児支援や教育が充実し、子育てのための環境が整っている、と思っている人は4.1％」というデータがあったとする。数値が低い原因は何か、既存の資料から想像を膨らませ、前年と今年のアンケートの変化などから、仮説を立てる。

　また、既存の統計資料を使うだけでなく、自分たちでネットアンケートと対面アンケートの両方を行う。ネットアンケートと対面アンケートの比率は50％ずつに設定する。ネットアンケートでは、開館日数、開館時間、蔵書構成、基本サービスに関するニーズを調査し、サンプル数をできるだけ多く取って、図書館の基礎スペックの決定に役立てる。

　一方、インタビュー形式の対面アンケートでは、図書館内に欲しい設備や行きたい場所のイメージなどを調査する。数値だけでは測れない潜在的な不満や不安、本質的に欲していることを探るためである。対面アンケートは平均1人10分程度かけるため、300人の声を聞くには3000分＝50時間必要となるが、これは他の自治体で行うような市民ワークショップを1週間開催するのと同程度の情報量に相当する。

対面アンケートの結果は数値化、グラフ化もするが、それ以上に重要なのは数値化されない「気づき」である。例えば「女性の方が、真剣に答えている」「みんな、とにかく急いでいる」「思った以上に駅前に若者の姿が多い」などの気づきが重要な情報となる。対面アンケートを実施した後はスタッフでワークショップを行い、利用者のペルソナを作成する。

　このような調査をしながら、自分の感情を市民感情に同期させ、そこから初めて、コンセプトワークにとりかかる。これら一連の作業は、プロジェクトの担当者が提供者目線を利用者目線に変化させ、いち住民である自分の問題としてとらえるようになるための、大変重要なプロセスと考えている。

　効率化や提供者都合で考えてしまいがちな図書館のコンセプトや運営の企画を、利用者目線に変えるのは容易ではない。指定管理はともすれば効率化やコスト削減とリンクして考えられがちであり、提供側の都合でストーリーを作る方が楽でもある。しかし、それでは行政が図書館を指定管理に出す意味はない。今後もCCCでは利用者目線で徹底的に情報収集し、分析し仮説を立て、本当に必要とされる価値は何かを追求していきたいと考えている。それが本来あるべき民間と行政のコラボレーションであるといえよう。

---

**参考文献**

東洋経済新報社（2019）「「住みよさランキング 2019」九州沖縄・中四国編」（2019/06/29）（https://toyokeizai.net/articles/-/288311 2019.12.11　閲覧）

# 第8章

# 公園のような図書館
──伊丹市立図書館の取り組み

## Ⅰ．図書館がまちなかへ

### 1．開設の背景

　「中心市街地の活性化」、「遊休地の活用」、…伊丹市立図書館は、これらの市の課題を背負い、郊外からまちなかへ移転整備されることとなった。移転先は、かつて大いににぎわいを見せた商店街の場所。ことば蔵の地には以前「剣菱」という銘柄の酒蔵があった。この場所をどう活用しようかと地元の人たちも含めて検討した結果、郊外にあり老朽化した図書館をまちなかへ移転整備した、という背景がある。

　この図書館は、総合計画において主な施策として、「ことば文化都市」の拠点施設を整備・活用して伊丹の特色を活かした学びの創出、ことば力の向上を図る、という記載があり、特区認定を受けた「ことば文化都市伊丹の拠点」と期待を込めた書きぶりとなっている。

### 2．新図書館は「ことば蔵」

#### ⑴ まちづくり手法の応用

　移転整備された新しい図書館は、延床面積6194.44㎡で、運営方式は直営である。2018年度（平成30年度）データは来館者40万4631人、貸出人数23万4662人、貸出冊数66万91冊、イベント開催回数は250回、決算額で2億4958万2000円である。愛称を募集したところ「ことば文化都市」の「ことば」と酒蔵を併せた「ことば蔵」という愛称に決まった。そして、ことば蔵の開設コンセプトが「公園のような図書館」

図8-1　運営会議の様子

で、にぎわいがあり活性化につながる新しいタイプの図書館を目指すこととなった。機能として「今日的な図書館本館機能」のほかに「交流機能」「情報発信機能」を加味していくというものである。

　そういったコンセプトや付加する機能を話し合う場に、筆者は市長部局で地域活性化を主に担当するポジションとして参加していたが、その時は新図書館も担当することになるとは夢にも思っていなかった。ことば蔵が開館したのは 2012 年（平成 24 年）7 月 1 日であるが、その 10 か月前の 2011 年（同 23 年）9 月 1 日付で、教育委員会生涯学習部の図書館で交流事業も担当するという併任辞令をいただいた。

　図書館どころか教育委員会の経験もまったくない筆者がまず行ったのは、まちづくりで培った官民協働の手法で、市民をはじめ民間の方々と図書館職員が、ことば蔵をどうやって活性化していくかを議論する「運営会議」という場の設置である（図 8-1）。開館前から変わらず開催しているこの運営会議が、後々もことば蔵の交流機能、情報発信機能の礎となる。

(2) ことば蔵の特色

　さて、ことば蔵が存する伊丹市の中心市街地は、景観に配慮した店舗、住宅が多く、2008 年には国土交通省が後援する都市景観大賞「美しいまちなみ賞」優秀賞を受賞している。ことば蔵も白壁に黒瓦という

落ち着いた外観である。建物内部の一番の特色としては、1階に書架がないということである。恐らく初めて来館されたら「あれ？　ここホントに図書館？」と思われる方が大半だと思う。その1階の大部分が交流フロアと呼ばれ、ここで年間200回以上のイベントが開催される。ちなみにことば蔵は、2階が児童書、新聞・雑誌コーナー、芥川賞作家お二人（田辺聖子氏、宮本輝氏）の著書コーナー。3階が一般図書、開放端末コーナー、清酒本コーナーなど。4階が基本的に自習室。そして、地下1階に120人ほど入れる多目的室、自動書庫などがある。書棚の特徴としては、伊丹市は「清酒発祥の地」ということで、ことば蔵にも清酒関連本コーナーがある。このコーナーでは伊丹酒に関する郷土資料はもちろん、酒器・肴・酒米・日本酒のガイドブック・酒の雑誌など、いろいろなジャンルより収集した資料に加え、一升瓶や酒樽、法被なども展示している。

　ことば蔵の特徴である1階の紹介をしよう。まさに「公園のような」雰囲気であり、飲食自由、会話自由としている自由空間である。そこが、イベント開催時は一変する。ここでイベントを実施するという意味は、2階以上へ行く人たちが必ず通過する場所なので、その方々の目に自然と触れることとなるという、いわゆる「見せる」効果がある。だから運営会議も、この場所で行っている。


## Ⅱ．地域（まち）とことば蔵のつながり

### 1．地域（まち）と蔵のちょっといい関係

#### ⑴ まちの人が主役

　ことば蔵の特色として、地域活性化の一翼を担っていることがある。事業として、代表的なものが「まちゼミ」である。これは地域産業活性化を目指して、企業や商店の方などに参加者に「ためになること」をゼミという形で話してもらい、その会社やお店のファンを増やそうという事業である。具体的には"清酒発祥の地"伊丹の酒造会社の方が講師となり「おいしいお酒の飲み方」を教えていただき、雑貨店の店主に「上

図8-2　まちゼミ ラッピング講座

手なラッピングの仕方」を実際に指導してもらうなどのタイアップをすることで、まちゼミを開催したあと参加者がお店を訪ねてくださるなど、講師と参加者が win‐win の事業となっている（図8-2）。筆者としては、企画、店舗との調整を行った「ノンアルコールカクテルパーティ」という、行きつけのバーから若手バーテンダーを呼んでノンアルコールカクテルの作り方を教わる、というまちゼミが気に入っている。まちゼミの中でも一番図書館っぽくないからだ。図書館なので館内でお酒は飲めない、だったらノンアルコールカクテルなら OK だろう、ということで図書館１階のカウンターをバーカウンターに見立てて、バーテンダーに実際に果物やジンジャエールなどを使いシェイカーで実演してもらう催しである。当日の洋梨を使ったノンアルカクテルは「ラことば蔵」と名づけられ、そのお店で実際に販売された。

### (2) 地域課題の解決

　また、市民企画についての特徴としては自然に地域課題の解決ツールとなっていることが多い。「環境問題」については、当初は小さく始まったエコ講座が企画提案者から人がつながって広がり、単発事業から今は「もったいない月間」として２月に環境に関する事業が多種多様に重なり合ってくるという状況となっている。

　全国の小学校で英語教育が必修化することを受け、市民企画として

図8-3　スクラッチデイ

「英語で子育て交流会」を毎月実施したり、同じく小学校で必修化される「プログラミング教育」への対応も考え、子ども向けのプログラミング言語"スクラッチ"を使ってロボットを動かしたり、ドット絵などを体験してもらう「ScratchDay in Itami」を2017年（平成29年）から毎年開催している（図8-3）。この他にも「プレミアムフライデー対策」「市内企業の育成」など地域課題に対応している事業や企画がある。事業の提案者の方も無意識のうちに課題と捉えておられるのであろう。

## ⑶　ことば蔵の部活動

　ことば蔵と地域の方々との連携において、ユニークな取り組みとして「部活動」がある。開館してすぐに、「ビブリオバトル部」、「ZINE 部」、「カエボン部」の3部が活動を始め、のちに「アーカイ部」、「漫画部」が結成された。各部は、それぞれ市民の方が部長を務めており、部長を中心に部活動が実施・進行される。

　「ビブリオバトル部」については、「知的書評合戦」ビブリオバトルをことば蔵も開館時から行っており、少しずつ形態を変えながら進めている。

　「ZINE」とは、雑誌の「マガジン（magazine）」や同人誌の呼び名「ファンジン」の最後の文字を略してのもの。「個人や友だちどうしで作る気軽な小冊子」をそう呼んでおり、写真や絵などを自由にレイアウトして、自分だけのオリジナル本を作る、という部活動である。できた作品はコピーしてことば蔵で保管・展示している。

「カエボン部」も、ことば蔵の特徴ある事業である。カエボンとは市民のアイデアから生まれたシステムで、自分がお薦め本に自作の帯を付けて棚に置くことで他の人のお薦め本と交換することができるというものである。カエボンを並べている本棚「カエボン棚」については、「マイクロ・ライブラリーアワード」という個人または小さな団体が作る図書館に与えられる賞を受賞した。「カエボン部」は、お薦め本を持ち寄って交換する活動をしており、多くの市民が参加している。

　なお、ZINE を展示する棚、カエボン棚は、いずれも市内企業からの寄贈である。

　「アーカイ部」は、もちろんアーカイブの駄洒落であるが、伊丹の歴史や文化、景観、記憶などを整理して記録し、紙媒体や Wikipedia（ウィキペディア）などのデジタルコンテンツに残していく部活として発足した。活動は、市内の地域を決めて部員や参加者が歩きながらまちの情報を記録している。

　「マンガ部」は、漫画『味いちもんめ』作者の倉田よしみ先生が伊丹の PR 漫画を描いてくださったのが縁で顧問になってくださった「ことば蔵マンガ部倉田組」として始動。毎回、テーマに沿ったお薦めの漫画について、みんなで語り合う会を開催している。


## 2．運営面の工夫

### ⑴ 年間予算 20 万円で 200 以上のイベント

　筆者は、「まちなか広場賞特別賞」をいただいた三軒寺前広場というイベントスペースでのイベントやホールイベントは手掛けてきたが、図書館という社会教育施設で事業をした経験はなく、まして図書館の利用が少ない人間だった。それまでやってきたイベントのように市民や企業、店舗の方たちと一緒にことば蔵交流事業を構築していかなければソフト事業も生まれないし、持続できないと感じたので、運営会議を立ち上げたのである。会議名は堅いが、基本的にオープンで厳しい制約もなく、誰でも参加でき途中退出、遅刻もまったく OK なのが運営会議の特徴である。

「公園のような図書館」というコンセプトであり、前述したようにことば蔵1階にオープンなスペースがある。公園といえども図書館、ということで来館者の飲食をどうしようか、という議論が運営会議の中でもあった。試しに1階の半分のフロアで飲食を解禁とした。すると、ゴミが増大することもなく、館内が汚れることも少なかったので、ほどなく1階は全面飲食自由ということにした。運営会議は、市民企画の提案・ブラッシュアップだけでなく、そういった館の決まりごとなども議論する場である。

運営会議のメインは、毎回「やりたいこと発表会」という、出席された方の中から持ち込み企画を出していただくコーナーである。もちろん企画をもってきていなくて聞くだけでも他の方の企画に物いうのもOKである。そして、出された企画をよりよいものに仕上げていく。「もっと、こうしたらより多くの人が集まるのではないか」や「学びやレファレンスの要素を加えた方が図書館らしいイベントになる」などの意見がよく出てくる。また、自分がメインでなくても「こんな話ができる人を知っている」「こんなことができる方と友だちである」というのもまったく問題ない。現に、若手のF1ドライバーに「夢を実現するために」的な話をしてもらって子どもたちに大人気だった企画は登壇者を紹介するパターンのものである。

(2) 継続できるシステム

交流事業、情報発信事業を持続的に行う上で一番の特徴は「無料×無料×無料」のシステムである。イベントをする際の講師料、参加する方の参加料、そして交流スペースの使用料がそれぞれ無料というシステムである。つまり、前述した英語やプログラミング、環境の講座、まちゼミなどすべて基本的に無料で教えてもらっている。なので、年間20万円（ほとんどPRチラシやポスターなどの印刷費）の予算で200以上のイベントを実施できている。低予算で運営して、にぎわいや交流をもたらす図書館ということで、現在も視察が絶えないのはそういった点が理由だと思う。

⑶　ことば蔵にまつわるストーリー

　また、ことば蔵の特徴として「ストーリー」を重視している。ことば蔵が存在する宮ノ前という地域に、その昔私設の図書館があった。小林杖吉という伊丹にとっての大恩人が1912年（明治45年）に図書館と塾を開設した。その100年後にことば蔵が開館したというストーリーに着目して、小林氏が運営していた塾「三余学寮」を、ことば蔵事業として復活させた。現代版三余学寮は大人向けに実施している。

　その小林氏が発行されていた新聞「伊丹公論」を、ことば蔵事業として復刊した。伊丹公論についても市民と図書館員が一緒になって取材、原稿づくり、校正、編集まで行っている。三余学寮と伊丹公論を復活できたことで、大恩人に少しは恩返しできたのではないかと思う。記事については、昭和の伊丹公論は郷土史研究の色合いが強かったが、復刊後は4コマ漫画なども取り入れて柔らかい内容とした。ちなみに筆者は19号まで存在した伊丹公論で唯一ソフトタッチの「酔後録」を復活させ、書き継いでいる。

# Ⅲ．ことば蔵により地域（まち）に生まれた変化

## １．多様で拡がりのある事業

### ⑴　公共施設との連携

　ことば蔵が開館して以来、年間約40万人の来館者があり、中心市街地に位置するこの地域に、人の往来をもたらした。もともと、中心市街地には、1200人収容できる大ホールをもつ多目的な文化会館をはじめ、美術館、音楽ホール、演劇ホール、工芸センターなど多くの文化施設があった。そこに図書館が移ってきて、例えば美術館での絵本原画展や工芸センターでのジュエリー展などとタイアップして図書館でも特別コーナーを設けたり、開催期間中にスタンプラリーを実施して回遊を図ったりという連携が生まれてきた。

　美術館で絵本展、例えば林明子さんの原画展が開催されると、ことば蔵でも、林明子さんの特集コーナーを設けたのはもちろん、代表作に絡

めて、『はじめてのおつかい』の読み聞かせのあと、絵本に描かれている絵をイメージしたお店屋さんごっこを開催した。この時は、筆者も近くの商店街で「はじめてのおつかい」を初開催するコーディネートを行った。

　また、郊外に特徴のある施設として昆虫館、こども文化科学館がある。ことば蔵は、この2館とも連携している。昆虫館は、夏休みに実際に昆虫を連れてきてもらい、子どもたちの自由研究のお手伝いをしてもらったり、こども文化科学館とは、図書館内でテントを張りミニプラネタリウムを設置したり、天体望遠鏡を持ってきてもらい、ことば蔵すぐそばの神社で星見会を実現したりした。

### (2) 公募イベントの効果

　ことば蔵では、さまざまな公募イベントも行っている。毎年テーマを決めて800字以内で募集する「日本一短い自分史」、例えば第1回が「一番輝いてた自分」、第2回が「人生最大の失敗」など。その他に「しおりんピック」（手作りしおりのオリンピック）、「タイトルだけグランプリ」、「帯ワングランプリ」などがある。

　このような公募イベントは、募集する時期、集まった作品を展示・投票する時期、表彰する時、とヤマ場が何度かあり、メディアにPRできる機会も多くなるので、館としても宣伝効果は高い。公募事業についても、基本的に表彰状、図書カードなどの商品代ほどの支出になり、情報発信のメリットを考えるとコストパフォーマンスは高いものと考える。

### (3) 子どもたちの参画

　運営会議は水曜日の夜に開催していることもあり、子どもたちが参加しづらい。そこで、「子どもたちもことば蔵でやりたいことがあるだろう。それを大人たちが全力で応援しよう」と運営会議で提案があった。それから始まったのが、子ども版運営会議の「子ども作戦会議」である（図8-4）。大人はできるだけ口出しせず、子どもの提案、意見を重要視する。1年目は3つの企画が子ども達中心に実現した。それらの企画についても司書からレファレンスを受けるなど極力、学びの要素を加える工夫がされている。

図8-4　こども作戦会議

## ⑷ 図書館らしさは失わず

　このように図書館でさまざまな市民活動を繰り広げていると、「公民館活動との差異」をよく聞かれる。やはり、図書館で実施するということの意味をもたせたい。「ことば蔵で邦楽演奏をしたい」と運営会議に企画をもってこられた方がいた。こういった、一見図書館で実施するのはどうかと思える企画が発表されると、運営会議に参加されている方の中から、必ずといっていいほど「それを図書館でやる意義」について一緒に考えようと声があがる傾向がみられる。企画をブラッシュアップする中で、邦楽演奏のテーマに沿った講演などの要素を付け加えていく。このように、学び、本、ことばなどにつなげて図書館らしい催しに仕上げていく。また、図書館らしくない企画については、その内容に関する蔵書を会場横に揃えたり、まちゼミなど講師が今まで読んできた本を紹介したりするなどの工夫をしている。

　また、図書館でさまざまな事業を実施することにより、多くの方がイベントや運営会議に参加され、「趣味はことば蔵です」などと嬉しいことをいってくださる方もいる。

## Ⅳ．図書館の可能性は∞（無限大）

### 1．Library of the Year 大賞を受賞して

#### (1) 図書館の財産

　この節のタイトルに「図書館の可能性は∞（無限大）」とつけた。自分が図書館という施設に関わるようになって、まさにそれを実感している。なぜかというと、今までいろんなソフト事業展開をしてきたが、図書館の強みは、「本」というモノがある、そして「司書」という専門的なヒトがいる、ということだ。イベントをしても関連する本がたくさんある。また、それを深く追求できる頭脳として司書がいる。これは図書館ならではの圧倒的な強みだ。

　市民の方々と一緒に多くのソフト事業を展開してきたのを評価していただき、"ライブラリー・オブ・ザ・イヤー 2016 大賞"を受賞できた（図8-5）。種々のデータで比較しても、以前の交流事業を実施していなかった旧図書館本館最終年度（2011 年度〔平成 23 年度〕）で来館者は 32万 7663 人、最新（2018 年度〔同 30 年度〕）は 40 万 4631 人と約 23.5％、貸出冊数の同比較でも 52 万 4434 冊から 66 万 91 冊と約 25.9％の大幅な増加となった（表8-1）。交流事業を対象に授賞いただいたものだが、今後は図書館の財産を最大限活用して図書館本来の機能にも注力していき

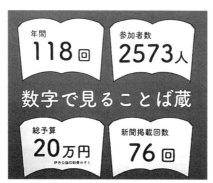

図8-5　Library of the Year 最終プレゼン
　　　　資料の一部

表8-1 効果指標表（統一比較のための表）

| | 市・図書館名 | 伊丹市立図書館 | |
|---|---|---|---|
| | 運営者名 | 市直営（官民協働手法） | |
| | データ年度（改革前後） | 2011 | 2018 |
| 分子（効果絶対値） | A．年間の来館者数（万単位）<br>B．年間の貸出冊数（万単位） | 32.8<br>52.4 | 40.5<br>66.0 |
| 分母（基準化単位） | X．人口規模（万単位）<br>ω．行政コスト（直営のままの場合は歳出経費で比較）（万円単位） | 19.6<br><br>27971 | 19.7<br><br>25278 |
| 効果指標1<br>（人口1人あたり） | a．人口1人あたり年間の利用者数<br>b．人口1人あたり年間の貸出冊数 | 1.7<br>2.7 | 2.1<br>3.4 |
| 効果指標2<br>（行政コスト 万円あたり） | α．行政コスト（万円単位）あたり年間の来館者数<br>β．行政コスト（万円単位）あたり年間の貸出冊数 | 11.7<br>18.7 | 16.0<br>26.5 |
| 効率指標<br>（行政コスト 円） | γ．年間の利用者数あたり行政コスト<br>δ．年間の貸出冊数あたり行政コスト | 855<br>535 | 625<br>377 |

$a = A/X$, $b = B/X$; $\alpha = A/\omega$, $\beta = B/\omega$, $\gamma = 10000/\alpha$, $\delta = 10000/\beta$

たい。

### (2) 図書館本来の力

　ことば蔵に関わることになった2011年（平成23年）9月には筆者と大きな距離があった司書たちも、今では自分たちがやりたいことを積極的に提案してくれている。2017年（同29年）より館長も兼務することになったが、兼職していきなり司書が「レファレンスに力を入れたい」といい出した。話を聞くと、「図書館を使った調べる学習コンクール」をやりたい、とのこと。正直、ことば蔵としてレファレンスはあまりアピールできていなかったカテゴリーだが、図書館として非常に大事なことである。もちろん大賛成！　早速、図書館振興財団の補助金申請にとりかかり、採択いただいて2018年（同30年）に本市として第1回目のコンクールを開催した。交流事業については、ある程度システム化されているので、持続可能である。それに図書館本来の機能を追加していければ、ことば蔵としてももう1ステージ上に上がれることは間違いない。

### (3) 満を持して司書企画

　そして、司書企画として面白い企画が続々と実施された。まず「おび

がり！」は、図書館に納品された本の帯を司書が選んで、ラックに取り付ける。来館者はその中から読みたくなった本の帯を選んでカウンターへ持っていくとその帯の本が借りられるというもの。「文庫作文」は、ことば蔵にある文庫本の中から3冊以内を選んでタイトルを組み合わせてオリジナルの作文を作って応募してもらう。例えば、本館名誉館長の田辺聖子さんの文庫3冊から「朝ごはんぬき？　九時まで待って　おそすぎますか？」（綾野作）など。「本のソムリエ」は、何を読んでいいかわからない来館者が一定のアンケートを記入すると司書がその人にぴったり合う本を選んでくれる、というもの。いずれも、新聞等のメディアで紹介されて人気の企画である。

## 2．今後の展望

### (1) 民間企業との連携

まず、民間企業との連携を強化していきたい。今までまちゼミをはじめ、さまざまな企業と連携してきた。「帯ワングランプリ」という事業については、応募者にオリジナルの帯を作っていただき、それをことば蔵に展示、投票を実施して「ことば蔵大賞」を決めるほか、「伊丹本屋大賞」として市内の書店（2019年〔平成31年＝令和元年〕は4店舗）に自分のお店で貼って売ってもよいという帯を選んで、実際にカラーコピーして各書店の本に装着して販売してもらう（図8-6）。これは、その帯

図8-6　帯ワングランプリ受賞者（右）と書店員（左）

を作成した本人にとどまらず、友だち・家族なども買ってくれるので結構売れる。こういった書店とのタイアップは継続していきたい。

　TSUTAYAとは2017年（平成29年）から「TSUTAYA×ことば蔵」事業で「ムビワングランプリ」を実施。これは、TSUTAYAにあるDVDなどで観た映画のキャッチコピーを20文字以内で作ってもらおうという企画で、2017年（同29年）は小学生のみを対象としたが、2018年（同30年）は中学生、高校生まで対象を拡げて実施した。ことば蔵では応募作品の展示・投票だけでなく、TSUTAYAのソフトを使って映画を上映したりした。また、イオンとは「ふぉと俳句」という事業を実施している。

　そして、2018年（平成30年）から連携が本格化したのが、みなと銀行である。すでにみなと銀行の方々により投資や詐欺防止の講演などを実施しているが、ご厚意で銀行らしく「読書通帳」を寄贈していただいた。通帳が満杯になると市内スーパーや飲食店のギフトカードという賞品（みなと銀行からの提供）があり、子どもたちをはじめ多くの方が読書に親しむきっかけとなった。こういった民間企業による地域貢献との連携は、ほとんど企業予算で実施していただくので、win‐winになるよう、しっかりとアイデア出しして事業構築をしていきたい。

⑵　学校との連携

　持続的な図書館経営を考えていく上で、学校との連携は欠かせない。2018年（平成30年）には、市内に存する大手前大学との連携で、前述した漫画部の顧問をボランティアで担っていただいている倉田よしみ先生とのコラボが実現した。設定は『味いちもんめ』の主人公二人が伊丹のまちを食べ飲み歩くと、というものである。もちろん、ことば蔵にも来館する設定でLibrary of the year大賞受賞のことも漫画に記載いただいた。

　市内にもうひとつある大阪芸術大学短期大学部とも、大学で発行する市民のための情報誌で何度もことば蔵を取り上げていただいたり、ことば蔵から学校へも事業のPRを行ったりした。また、市立高等学校とは年始の書初め大会で連携し、中学校ではビブリオバトル中学生大会など

を開催している。今後は「図書館を使った調べる学習コンクール」など
でも連携を図っていきたい。

### ⑶ とこしえに愛される館へ

2022年（令和4年）に、同じ宮ノ前にある「みやのまえ文化の郷」と
いう美術館、工芸センター、柿衞文庫（俳諧の館）、旧岡田家酒蔵・住
居（現存する中では最古の酒蔵）がある文化ゾーンがリニューアルされ、
図書館と同じく郊外にあった博物館がこのゾーンに移転整備される予定
である。これまでも、ことば蔵は美術館をはじめ展示やスタンプラリー
などの連携を図ってきた。今後は、さらに博物館が移転してくることも
あり、いわゆるML（Museum‐Library）連携を密にしてお互いの来館
者に対する主体的で深い学びへの誘導、地域の回遊性向上を目指してい
きたい。

自分が図書館職員にいい続けているのが、「図書館は聖域ではない。
20年後、30年後も必要とされる施設になろう」ということである。基
本的にお金を生み出す施設でない図書館が、自治体のもち続ける施設で
あるかどうか。ことば蔵も確実に老朽化していく。維持管理費を考える
と図書館もまったく聖域ではない。本当に必要とされる施設になるに
は、何をしたらよいのか。これからは知恵と汗の勝負になる。将来を見
据えて今、何をすべきなのか、職員や関わる人たちとしっかり考えてい
きたい。

# 第9章

# 地域産業支援と歴史の継承
## ——ぶどうとワインの専門図書：甲州市立勝沼図書館

## Ⅰ. 公民館図書館から町立図書館、市立図書館へ

### 1. 設立の背景

　甲州市立勝沼図書館は、当初『ぶどうの国資料館』として1996年（平成8年）11月、合併前の勝沼町に設置された、現在23年目の比較的若い図書館である。

　旧勝沼町において、勝沼公民館図書室であった規模を拡大し「町立図書館」を、との町民の意向をうけ1993年（平成5年）、図書館建設プロジェクトが始動、3年の準備期間を経て1996年（同8年）に開館へと至った。2000年（同12年）に名称を「勝沼町立図書館」とし、2004年（同17年）には塩山市・勝沼町・大和村が合併し「甲州市」となったことから、勝沼図書館・塩山図書館・塩山図書館分館子ども図書館・大和図書館の4館を「甲州市立図書館」とした。

### 2. 概要

　甲州市立勝沼図書館は、敷地面積2396㎡、延床面積1160㎡で、運営形態は市の直営である。立地的に甲州市の端に位置し、駅からの便はよくないものの、県内を横断する国道20号線や勝沼ICに近く、車社会の山梨県では他市からアクセスしやすい場所でもある（図9-1）。

　また、周辺を葡萄畑やワイナリー、歴史的遺跡に囲まれているため、観光案内的な役目も負っている。敷地内には図書館と同時期に開館した「ぶどうの国文化館」が併設されている。ここでは、勝沼のぶどうの歴

**図9-1　甲州市立勝沼図書館（玄関）**

史から、勝沼宿として栄えた江戸時代、ワイン醸造とワイン産業に携わった先人を蝋人形で学ぶことができ、「葡萄荷物江戸出シニ付」（1763〜1821年〔宝暦13年〜文政4年〕）や明治期の「葡萄買入帳」、ガラス乾板写真など文化財資料なども見ることができる。図書館の地域資料・貴重資料と合わせて、地域の地場産業を盛り上げ、観光客・地元の子どもたちにも歴史を知ってもらおうとの想いが見て取れる造りとなっている。

### 3．収集資料の確立

　「甲州市勝沼」は、山梨県内でも多くの文化財を所有する歴史深い土地である。武田家滅亡の際、武田勝頼が最後に立ち寄った国宝・大善寺を東端とし、江戸時代には東海道の宿場町として栄えた「勝沼宿」があった。

　この地域は、武田信玄の時代から「献上ぶどう」として納められた山梨県固有種である「甲州ぶどう」の栽培が続く農業地域でもある。その甲州ぶどうの発祥も2種類の伝説があり、「大善寺のぶどう伝説」と「雨宮勘解由伝説」が伝わっている。そして、県令の命を受けフランスへ渡った高野正誠・土屋龍憲がワイン醸造の技術を伝え、現在も基幹産業として続く日本屈指のワイン産地でもある。この歴史的背景や基幹産業である「ぶどうとワイン」を軸に、「地域に根ざした図書館であろう」とのコンセプトのもと「ぶどう・ワイン」の資料収集・提供・保存

を掲げた。

　開館当時、全資料総数が約3万点であったのが、現在は約12万点で、うち約3万点が「ぶどう・ワイン」の資料となった。当時のコンセプトを今も守りつつ、増えた一文は「地域の歴史と産業を支える図書館であろう」である。


## 4．収集資料の特徴

　収集資料として一般流通する書籍はすべて購入。その対象には図書館ではめったに所蔵することのない各種ワインソムリエ、ワインエキスパートの教本なども入っている。書籍だけではなく視聴覚資料、物品資料（グラス、ワインボトルなど）も対象としている。雑誌資料としては『Winart（ワイナート）』『Vinotheque（ヴィノテーク）』などの専門雑誌をはじめ『Wine Spectator（ワインスペクテーター）』のような洋書ワイン専門誌を所蔵。世界の動向を知るために、毎月この洋雑誌の新刊を読みにくるワイナリー関係者の姿がみられる。また『山梨県工業技術センター研究報告』『山梨の園芸』はもちろん、会員冊子でもある『日本ブドウ・ワイン学会誌』や『葡萄酒技術研究会会報』などもある。

　これら産業雑誌については、永年保存し年ごとの合本にして所蔵していく。

### (1) 地域への呼びかけ

　ぶどう農家やワイナリーの密集地であることから、開館に先立ち、地域住民には各家に眠っている古い関係資料の寄贈を呼びかけた。もちろん文書（もんじょ）などの貴重資料も文化財担当者と精査していった。これにより、長年ぶどうの研究をされていた「土屋長男家（つちやながおけ）」から大変貴重な資料をいただくことができた。当時県内で栽培されていた「ぶどうの葉の拓本」である。他では見ることができないこの資料は、葉の形態からぶどうの来歴を調べることに大変役立っている。洋書も多く、その言語はロシア語・中国語・フランス語にわたり、世界のぶどう産地・ワイン産地で出版された書籍であった。研究に使用した多くの資料もいただくことができ、蔵書に厚みが増したことはいうまでもない。また、各ワイナリー、

ぶどう農家からも多くの資料をいただくことができた。当時のスタッフの熱意はこの程度にとどまらず、県外の古書店にも出向き関係資料を収集していった。現在、公共図書館として「ぶどう・ワイン資料日本一の蔵書数（資料点数)」を自負している。

### (2) クリッピング資料

図書館の本質というべき資料収集の仕方こそ、クリッピングではないか。毎朝スタッフが新聞チェックをしていくのは「甲州市の記事」だけではなく、「県内ぶどう」「県外ぶどう」「県内ワイン」「県外ワイン」の４種。現在「県内ワイン」のファイルは65冊目である。23年間収集してきた膨大な記事は大変貴重な資料となる。以前ワイナリー関係者が、県内ワイン産業の10年間をまとめるため調べにやってきた。その時使用したのがこのクリッピング資料である。「自社以外の記事を見て、知らなかった事柄も多くあった。これだけのクリッピングをしていてくれたことに感謝しかない。一番役に立った資料だった」と言っていただけた。現在はさらに利用しやすくするため、また、スタッフ側としても利用者へ迅速に資料提供をしていくため、「何年」の「どのような内容」か、「ワイナリーの名前」・「イベント名」などについて、データ登録の最中である。

どのファイルに調べたい記事があるのか、収集の充実の先、続いて目指すのは資料のスピード提供である。

### (3) 専門書として独自の『ぶどう・ワイン十進分類表』

日本の図書館で使用される分類といえば日本十進分類法である。この分類法を基に、館内別置の「ぶどう・ワインコーナー」は、本館が独自に作成した「ぶどう・ワイン十進分類法」で分類されている。これは日本十進分類法の大きな基準はそのままに、ぶどう・ワインに関する用語などを用いた分類となっている（一部抜粋：表9-1)。

もちろん、世間の流行や業界の動向、新たな研究や発表、出版される書籍の種類に応じ、分類は細分化されて増える傾向にあり、近年では「290　地理的表示」「201　産地・ジョージア」「351　ワイン法」「553濾過」「552　分離」などが新しく追加されている。

表9-1　ぶどう・ワイン十進分類

| 200 | ワインの歴史 |
|---|---|
| 201 | ジョージア（グルジア） |
| 202 | アルメニア |
| 203 | アゼルバイジャン |
| 204 | コーカサス |
| 210 | 日本産地（各地方の歴史および地誌、ガイド・リスト）<br>（地域を特定できない広範囲な資料） |
| 211 | 勝沼町 |
| 212 | 山梨県（勝沼以外のもの　各地誌など） |
| 213 | その他都道府県 |
| 213.1 | 北海道 |
| 213.4 | 新潟 |
| 213.5 | 長野 |
| 220 | アジア産地（各地方の歴史および地誌、ガイド・リスト） |
| 221 | 中国 |
| 222 | 東南アジア |
| 223 | アラブ諸国 |

（出所）甲州市立勝沼図書館作成

## ⑷ いずれは各ワイナリーのアーカイブ

　以前から雑誌類やフリーペーパー、さまざまな媒体、さまざまな形態のぶどう・ワイン記事もファイリング収集の対象としてきた。ワイナリー巡りやツーリズムなどで観光客が立ち寄ることから、ファイリングした記事を見ることでワイナリーの事前情報などを知ってもらえるのは大切であろうと、収集してきたさまざまな記事やその様子から各ワイナリーのファイルを作成することにした。手始めに甲州市内のみとしたが、それでも県内屈指のワイナリー密集地のため、全30社（当時、現在は33社）の個別ファイルを作成することになった。中身はワイナリーの名前・場所など基本的な情報と、同じ形式による地図、自社パンフレット、そしてさまざまな記事からなる。しかし図書館で購入している雑誌や新聞の記事は気づくことができるが、そのほかの、すべての出版物を図書館だけで網羅することはできない。例えば、会員情報誌や大学で作成・配布されているフリーペーパー、書籍の付録冊子、ワイナリーとのコラボ企画などについての情報がそうである。個別ファイルの作成にあ

たり、市内のワイナリーすべてに情報提供のご依頼状を配布し、雑誌掲載情報・メディア出演情報をいただくための協力体制を整えた。現在、ワイナリー関係者が自身で記事をコピーし届けてくれるなどして、情報をいただくことができている。いずれ数年後に、当時はこんなことをしていた、こんなラベルを使っていた、など各社のアーカイブ的なファイルができあがるものと信じている。

### (5) 勝沼の貴重資料「農書」

　この土地からは貴重な農書が生まれている。フランスへ渡った高野正誠と土屋龍憲が帰国してから高野が著した「葡萄三説」（1890〔明治23年〕）は栽培から醸造までを記し、この土地における葡萄栽培の方向性を示した。一方、二人の帰りを待っていた雨宮彦兵衛は「甲州葡萄手引草」（1885〔明治18年〕）で甲州葡萄の栽培技術を詳細に記し、葡萄栽培を全国的に広めた。小沢善兵衛の研究書「葡萄培養法摘要」（1881〔明治14年〕）は西洋の栽培技術を翻訳したものである。

　これらの資料は年月を経ているため、もちろんガラスケースの中に保管されている。しかし、書籍は見てこそ価値があるもの。地域研究・歴史研究のためデジタルアーカイブにて公開するべく撮影し、デジタル用書誌を作成中である。「葡萄三説」に関しては、作成当時の苦労が見て取れる「草稿文」5冊（高野家所蔵）があり、これらも図書館でデジタルデータ化するために撮影した。当時の県令・前田正名による修正が入り、大きくバツの入った一面や朱で直された部分など、1冊にまとめる苦労が見て取れる。

　現在、それらのデジタルデータはネット公開しておらず、館内カウンターにある専用のタブレットのみで閲覧できる。


## Ⅱ．ぶどうとワインの資料展

### 1．勝沼の記念年からのスタート

　開館から1年と半年が経った1998年（平成10年）、勝沼にとって「ぶどう伝来（大善寺伝説の718年〔養老2年〕から）1280年・ワイン伝来

**表9-2 『ぶどうとワインの資料展』各年度テーマ一覧**

| | |
|---|---|
| 平成 10 年度 | 「再発見・ぶどうとワイン」〜過去・現在・未来の文化を図書館・文化館から〜 |
| 平成 11 年度 | 「飲むだけではない、ワインの楽しみ方いろいろ」 |
| 平成 12 年度 | 「あなたの疑問に答えます」〜ぶどうについてのレファレンス〜 |
| 平成 13 年度 | 「文学作品に描かれた勝沼の葡萄」 |
| 平成 14 年度 | 「かつぬまは、観光のまち??」〜勝沼には何がある?〜 |
| 平成 15 年度 | 「食を愉しむ・ワインを愉しむ」〜手づくり料理でワインを味わおう!!〜 |
| 平成 16 年度 | 「勝沼 時の旅」〜人々の努力と挑戦・歴史はこうして作られました〜 |
| 平成 17 年度 | 「始まりは甲州ぶどう」〜新しい勝沼 自分をつくる・地域をつくる〜 |
| 平成 18 年度 | 「Mode in かつぬま」〜人がつなぐ地域の魅力再発見〜 |
| 平成 19 年度 | 「古書が伝えた甲州葡萄の歴史」〜伝説とワインへの夢〜 |
| 平成 20 年度 | 「未来をはぐくむ近代化産業遺産の地、勝沼を歩こう」 |
| 平成 21 年度 | 「土からみる地域の特性」〜日本から世界へ羽ばたくぶどう産地カツヌマ〜 |
| 平成 22 年度 | 「勝沼にあるカフェを巡ろう!」〜ぶどう/ワインを使ったおいしいデザートをさがしてみよう〜 |
| 平成 23 年度 | 「フットパスで巡る勝沼のロケ地」〜物語を通して見つけるぶどうとワインの魅力〜 |
| 平成 24 年度 | 「る・る・る 甲州ワインづくり」〜伝わる・つながる・広がる 人の絆〜 |
| 平成 25 年度 | 「みつけよう! 平成ワイン文化の芽!」 |
| 平成 26 年度 | 「時代を拓く有志の群像」〜葡萄酒づくりの幕開けと勝沼の人々〜 |
| 平成 27 年度 | 「勝沼の酒(ワイン)でカンパイ」〜甲州ぶどうのことワインのこともっと知ってもっと好きになる〜 |
| 平成 28 年度 | 「ワインの香り」〜感じて 探して 楽しむ〜 |
| 平成 29 年度 | 「食べるブドウ 飲むブドウ」 |
| 平成 30 年度 | 「ぶどうとワインからはじまる ジョージア発 甲州 甲州発 世界」 |
| 平成 31(令和元)年度 | 「令和 受け継ぎ 受け継がれ 未来へつなぐ ブドウのカタチ ワインのカタチ」 |

(出所) 甲州市立勝沼図書館作成

（高野・土屋渡仏から）120 年」という記念の年に、現在まで続く『ぶど
うとワインの資料展』が開始された（表9-2）。町内でさまざまなワイン
イベントが行われる中、図書館では収集資料を見てもらおうとの意図で
開催に至った。第1回から数年は手探り状態で、文芸資料・郷土資料、
そして新聞記事などからテーマを見つけた。

## 2．テーマ作成と裏テーマ

　毎年のテーマ作成には、その年の流行など常に新しい情報を取り入れ
るよう、心がけている。また、そこには必ず「勝沼」を意識させるもの
を入れ込んでいる。それは、この資料展の裏テーマが「地域再発見」だ
からである。地域資源「ぶどう・ワイン」を軸に、つながり、広がって
いく人々や地域、産業と時代のニーズ、長い歴史の中で先人たちが残し

ていった文化の次世代への継承などを知ってもらうことで、いま一度地域を見なおす・誇りをもってもらうことを意識しながら行ってきた。地元の景観の美しさや古い歴史、見慣れた葡萄棚、それらを改めて見つめなおすとき、それぞれがもつ「勝沼のカタチ」「ふるさとのカタチ」が見えてくる、いや、見てほしいと願っている。

　資料展を開催していく中で、大きな変化を感じられるのが2009年（平成21年）のテーマ「土から見る地域の特性」だろう。いわゆるテロワールを扱った資料展である。テロワールとは、同じ品種の葡萄でも土壌の違いによって味が変わってくる、というものだ。この資料展では現地実習が必須であったため、「取材」に出向くこととなった。勝沼は扇状地に広がるため高低差のあるぶどう畑がひしめき合っている。その中で9軒のぶどう農家から畑の土を採取させてもらい、栽培方法の聞き取りをして、取材パネルとともに展示した。この研究性の高いテーマを扱った年以降、展示に向けた活動として、日本ワインの注目度やさらに新しい情報をつかむため「取材」に出るのが定番となった。テーマも取材先も広がりを見せ、昨年度（2018年度〔平成30年度〕）は取材先に大使館を選んだほどだ。現在も「ワイン文化を繋ぐ地元の人々」「甲州ワインのルーツ」など、さまざまな角度から「ぶどうとワイン」に関する話題を見つけ出し、図書館の外へと飛び出している。

　取材時や記事の作成中に大事にしなければならないと気づかされたことがある。それは、一般目線を忘れない、ということだ。レファレンスや膨大な資料を扱っていると、知識はある程度身についてくる。しかしわれわれは本のプロフェッショナルに徹するべきであって、ぶどうやワインのプロになってはいけないと思う。資料展が専門用語や難しい内容ばかりでは、利用者はやはり見る気がなくなってしまう。地域を見なおし、ぶどう・ワインの、そして勝沼のファンになってもらうには、見る側が何を知りたいか、何に疑問をもつか、が大切だろう。同時に、展示するにあたって、美しさと世界観に工夫するのは絶対条件である。無機質なパネルに取材内容や写真を貼り、書籍を並べただけでは、魅力的に映ってはくれない。「魅せる」ための工夫が必要なのだ。配布する冊子

も、デザインと読みやすさ、配置などのバランスを考えながら作成している。

　博物館・美術館などで行われる『資料展示』との違いは、関係資料と文献を多く出せることだろう。例えば、2018 年（平成 30 年）の資料展で扱ったのは、ジョージア国やシルクロードに関するテーマであった。その際、資料として出したのは、シルクロードの写真集やジョージア国がグルジアと呼ばれていたころの時代背景がわかる書籍であった。多種多様なテーマに対応できるのは、やはり図書館だからこそと感じる。

### ３．連動企画は「聞いて・見て・味を知る」

　資料展と開催時期は違えども、関連して行っているのが連動企画イベントである。きっかけは 8 年前、資料展の取材に行く先々で聞かれた言葉「地元の人が一番ワインを飲んでくれない」であった。これには驚かされた一方、確かにそのとおりで、昔から身近にあるものはなかなか大切にはされないなと感じた。「あって当たり前」だからだろう。これでは地域の魅力を伝えることは到底できない。まずは地元・県内の人々を地元ワインのファンにしていかなければ。そんな思いから、勝沼図書館ならではのイベント『山梨の若手醸造家集団アサンブラージュと語る産地ワインの夕べ』が生まれた。飲食禁止をうたう図書館で、ワインを飲むイベントである。図書館には利用者のよく見える位置に貸出カウンターがある。ここが夜、バーカウンターへと変化するのだ。

　そこでは膨大な資料を見てもらい、地元ワインに関する資料を収集していることを周知する。普段はなかなか聞くことのできない醸造家の想いを聞く。そして全部で 7 社あるワインの味をそれぞれ知ってもらう。こうしてワインファンを増やしていく。初回こそ醸造家も口下手でなかなか話せず、後日反省の弁を聞いたが、現在は自分たちの考えや熱い思いを伝えることができているように感じる。「まさか図書館から声がかかるなんて思ってもみなかった」とは、アサンブラージュの会長の言葉。参加者からは「地元のワインをなかなか飲まない。美味しくて驚いた」と好評を得ている。また、ワインは食中酒であることから、やはり

地産地消、地元の野菜ソムリエに家庭でもすぐに作ることのできる「合わせ」をお願いすることで、味の変化やワインとのマリアージュも紹介することができた。このイベントをきっかけに、図書館としての可能性が一気に拡がった。

## Ⅲ. 拡がるつながり──図書館を起点に

### 1. 拡がっていく連携

#### (1) 観光課・農林振興課・(旧) ワイン振興室

　8年前のことになるが、図書館の仕事を一番理解していないのは同じ役所の人間だとたびたび感じていた。そこで、われわれの仕事を理解してもらい、図書館が観光資源になることを知ってもらおうと、協働イベント案や収集資料の案内、資料展の冊子を手に、当時のワイン振興室長に訴えた。官民連携よりも先に、役所内での横の連携がほしい。図書館にもワイン振興室や観光課で扱っている情報を共有させてもらいたい、と。こうして、観光課のイベントに参加させてもらえるようになった。

　大学と組んで行っている『甲州市おもてなし講座』では勝沼図書館を紹介する時間をもらい、『ぶどう祭り』では勝沼の昔話を大型紙芝居にし、舞台で披露した。そうした活動をきっかけに、観光課も「図書館」が行っている活動内容を知るようになっていった。今やワイン振興室とはワイナリーの情報、イベント情報を共有し、農林振興課とはぶどうの作地面積のデータ共有を進めている。

#### (2) 文化財課

　現在、文化財と歴史資料を共有することは当たり前となっている。文化財施設「宮光園」が所有する文書やワインラベルのデータ、写真などを共有し、翻訳された貴重資料を読み解く連続セミナーも開催するようになった。文化財指導官のもと、セミナー終了時には貴重資料のデジタルデータ公開の準備も進めている。また、図書館に併設する「ぶどうの国文化館」に所蔵してある貴重資料の公開や同時に行うイベントを企画中である。

文化財課では「勝沼の近代産業遺跡」を子どもたちに知ってもらうため、山梨大学と共同で絵本を作成している。勝沼図書館も参加して、さまざまなアイディアを提供している。完成した暁には、図書館のお話会内で発表し、展示もしていく予定である。

### (3) ワインツーリズム、勝沼ワイン協会

年2回開催されるワインツーリズム。開催日には、図書館の外を何百という参加者が歩く。ワイナリーを巡るため、みな軽装で、首からワイングラスをかけた「優雅な」イベントだ。ある時、主催者の一人がやってきて声をかけてくれた。「一緒に勝沼を盛り上げよう。」図書館として、資料を外に持ち出すことはなかなかできないが、どんな図書館なのかを知ってもらうための「外展示」を作成することにした。また、ツーリズムの会議にも参加したところ、巡回する1つのコース内に図書館を入れてもらえることになった。受付では、「ワインを飲む前に図書館で知識を入れていくのもおつですよ」と紹介してくれている。年々、ツーリズムの日には館内で資料の案内をすることが増えたが、県外の方にも図書館を知ってもらえる機会が増えた。

2017年（平成29年）は、勝沼ワイン140周年という年であった。勝沼ワイン協会は『勝沼ワイン140周年記念事業』実行委員会を立ち上げ、半年のうちにさまざまなイベントを行うこととなった。筆者はその実行委員に任命され、勝沼図書館としての事業と講演会、資料展を記念事業の一環として開催できたことは、勝沼図書館として大きな出来事であった。かつてワイナリーファイルを作成しつつスタッフの間で交わした「いつかワイナリーが頼ってくれる存在になりたい」という願いの実現だったからだ。

記念事業が終了した後、観光客と思われる方が来館した。「ワイナリーで勝沼のワインの歴史を聞いたら、図書館に行けば何でもわかると言われて来た。」目指すものへ着実に近づいているという、実感がわいた瞬間だった。

### (4) 小・中学校

小学校の児童が地域調べで図書館を利用することがある。その際「ワ

インの作り方が出ている本」を求められる。しかし出版されている書籍でワイン作りを教えてくれる児童向けの本はない。仕方なく一般向けの書籍を出したところで、ただ写すだけの作業になってしまう。子どもたちに地域産業を知ってもらうため、また、地域に誇りをもってもらうためにはどうしたらよいか。考えたのが「甲州ワインづくり　紙芝居」であった。作成に当たって、前年から1年間ワイナリーの仕事を追った。機械の写真を撮り、内部の仕組みを知り、お話の流れが出そろったところで作成。機械の中までわかる「仕掛け紙芝居」に、子どもたちの視線が逸れることはなく、じっくりとワインづくりのお話を聞いてもらうことに成功した。今や観光客に披露する場を設けつつ、出張授業や他図書館のイベントにも参加するまでになった。

　地元にある中学校は1校だけである。そこの学生たちが美術の時間にワインラベルのデザイン作成をしてくれた。「勝沼というイメージ」のもと、さまざまなラベルが完成し、図書館内で展示をすることとなった。自分の作成したラベルを中身の入ったワインボトルに貼り、できれば二十歳になった時に開けてほしいのだが、なかなか難しい。しかし、この活動はぜひ継続し、呼びかけていきたいと考えている。

## Ⅳ．未来へ残す、ツナグ

### 1．児童サービス——アニマシオンという活動

　地域とのつながりをもつもう1つの活動が、児童サービスとして行っている「アニマシオン」である。「アニマシオン」とはスペイン発祥の読書教育プログラムのことで、語源となったのはラテン語の「アニマ（魂・命）」で、「アニマシオン」は〈どきどき、わくわく、魂が活性化する〉という意味になる。これは、子どもたちを読み手に育てるためのアクティブラーニングなのである。

　このプログラムを勝沼図書館に紹介した青柳啓子氏を講師に、スタッフがセミナーを受講したうえで、1999年（平成11年）から館内お話会をスタートさせた。勝沼町時代には、学校巡回として町内の4小学校に

スタッフが出向くこととなった。2012年（平成24年）からは青柳氏が図書館スタッフとして参加し、今や1・2年生用プログラムとして甲州市のすべての小学校に出向いている。こうした学校への出張活動を通して、スタッフと顔見知りになることで、児童も図書館に来やすくなる。それがローカルな図書館なら、なおさらだ。また、この「アニマシオン活動」を通じて使用した本のシリーズを借りに来る児童もいる。これからの利用者を育て、図書館をより身近なものにすることへの手助けになっていると感じる。学校図書館の司書とも連携を取ることで、学校における読書教育の一環ともなっている。

## 2．子ども読書クラブ・カムカムクラブ

アニマシオンを毎月行いながら、1年間さまざまな活動をするのが「子ども読書クラブ・カムカムクラブ」である。クラブの活動は多岐に渡る。市内4館の図書館を巡るバスツアーや、本に出てきたお菓子を作るカムカムクッキング。また、市内ALTとの英語で行うアニマシオンや地域学習としてのワイナリー見学もある。将来的に、カムカムクラブの子どもたちが地域学習のための紙芝居を文化財施設で披露したり、自発的に地域活動したりすることを願いつつ、毎月の活動を楽しく行っている。

勝沼図書館に通っていた子どもたちが大人になった時、図書館で行った活動や、参加したイベントを思い出してほしい。そして今度は、「子どもの時に見ていた資料展はこういうことだったんだ」、「そういえば知らずしらず地域のことを知っていた」、そう感じてもらいたい。

## 3．ローカルでいい、顔見知りの図書館

「図書館は成長する有機体である。」図書館学の講義で聞いた言葉である。図書館学者・ランガナタンの図書館学五原則の一文なのだが、この23年間の活動を見るかぎり勝沼図書館は体現できているのではないかと感じる。

子どもたちとの活動の中で、地域産業やこの地に生まれたことへの誇

## 表9-3　基礎データ

| | 2013（H25）年度 | 2016（H28）年度 | 2018（H30）年度 |
|---|---|---|---|
| 歳出規模（決算） | 1525万1253円 | 1511万1612円 | 1200万4808円 |
| 貸出利用者数 | 2万5165人 | 2万0647人 | 1万7422人 |
| 貸出冊数 | 13万1188冊 | 10万8983冊 | 9万6628冊 |
| 来館者数 | 8万2068人 | 8万8408人 | 8万7395人 |
| その他の特徴 | ・インセンティブ事業により、予算増額<br>・資料展予算・講演会費用がつく | ・市財政悪化により、予算削減10%<br>・甲州市の人口減 | 2018年 Library of the year 大賞、オーディエンス賞を受賞 |
| 年間レファレンス件数 | 3266件 | 3133件 | 3182件 |
| うち ぶどう・ワイン | 2186件 | 2203件 | 2331件 |

## 表9-4　効果比較表（統一比較のための表）

| | 市・図書館名 | | 甲州市立勝沼図書館 | |
|---|---|---|---|---|
| | 運営者名 | | 市直営(官民協働手法) | |
| | データ年度(改革前後) | | 2013 | 2018 |
| 分子(効果絶対値) | A. 年間の来館者数(万単位) | | 8.2 | 8.7 |
| | B. 年間の貸出冊数(万単位) | | 13.1 | 9.7 |
| 分母(基準化単位) | X. 人口規模(万単位) | | 3.4 | 3.2 |
| | ω. 行政コスト(直営の場合は歳出経費で比較)(万円単位) | | 1525.1 | 1200.5 |
| 効果指標1<br>(人口1人あたり) | a. 人口1人あたり年間の来館者数 | | 2.4 | 2.7 |
| | b. 人口1人あたり年間の貸出冊数 | | 3.9 | 3.0 |
| 効果指標2<br>(行政コスト 万円あたり) | α. 行政コスト(万円単位)あたり年間の来館者数 | | 53.8 | 72.5 |
| | β. 行政コスト(万円単位)あたり年間の貸出冊数 | | 85.9 | 80.8 |
| 効率指標<br>(行政コスト 円) | γ. 年間の来館者数あたり行政コスト | | 186 | 138 |
| | δ. 年間の貸出冊数あたり行政コスト | | 116 | 124 |

$a = A/X, b = B/X; \alpha = A/\omega, \beta = B/\omega, \gamma = 10000/\alpha, \delta = 10000/\beta$

りを根づかせ、未来へとつなぐ。産業・農業へ関わる人々の疑問や必要なデータを利用してもらうことでアーカイブを残し、支えとしての根を張り、より密着した図書館となる。全国のぶどう・ワインファンや専門家の専門レファレンスの図書館としてさらに周知してもらう。それが実現できたかどうかは、レファレンスの数値が大きく物語っていると感じる（表9-3）（表9-4）。

　活動と資料の幅を大きく広げていく中で、私たちが目指すものは、常に時代を見つめ、歴史を継承し、地域をつくり、人をつくること。そし

て「勝沼」の真の根を支えていく唯一無二の存在になることである。利用者に愛され成長を続ける図書館でありたいと願う。

# 第10章

# 子育て支援
──西脇市図書館の部局横断としての取り組み

## Ⅰ．複合施設「Miraie」の経緯と取り組み

### 1．西脇市の基礎データ

　西脇市は、面積132.44㎢、人口4万684人（2019年〔平成31年〕4月現在）の自治体で、兵庫県のほぼ中央部、東経135度と北緯35度が交差する地点に位置していることから「日本列島の中心─日本のへそ」を標榜し、「日本へそ公園」の整備や「日本のへそ・西脇子午線マラソン大会」、「へその西脇・織物まつり」の開催などで全国にPRしている。

　また、加古川、杉原川、野間川の水の恵み、大地の緑や肥沃な土壌、そして温暖な気候に育まれた自然豊かな環境の中、播州織、播州釣針、黒田庄和牛といった特色ある産業を興している。ご当地グルメとしては、和牛を使ったローストビーフや播州ラーメン、イチゴや金ゴマなどがある。

### 2．複合施設「Miraie」建設の経緯

　少子高齢化が急激に進行する中にあって、次代を担う子どもたちの健やかな成長を支え、多くの市民が集い、学び合いながら、新たなコミュニケーションが広がる施設として、また、地区住民をはじめとする市民のコミュニティ活動の拠点施設としての役割を担う施設整備が期待されていた。そうした中、2011年（平成23年）3月、西脇市野村町茜が丘において、「児童館、子育て学習センターなどの子育て支援機能」、「男女共同参画推進機能」、「コミュニティセンター」の3つの機能を施設の中

核機能と定めた複合施設を整備することとなり、その基本的な考え方を
まとめた「茜が丘複合施設整備方針」が策定され、事業の推進に向けた
本格的な取り組みがスタートした。

　さらに、2012年（平成24年）6月には、老朽化等課題を抱えていた図
書館を、茜が丘複合施設内に、本市の「知の拠点」として移転すること
が決定され、4つの機能をもつ複合施設へと整備方針を変更することと
なった。

　当初、Miraie を整備するにあたっては、児童図書室を整備する予定
であったが、当時の本市の図書館（以下「旧図書館」という）は、北播磨
地域で他市町に先駆けて開館し、多くの市民等に親しまれてきた施設で
はあるものの、近隣市町での図書館整備が進む中、それらと比べると利
用率がかなり低い現状であった。建物の老朽化が進んでいるというだけ
でなく、開架スペースや駐車場の収容台数の不足をはじめ、利便性やバ
リアフリーの未整備など利用環境は十分でない状態であった。

　旧図書館は、こうした課題の解決や機能の充実が従来から強く求めら
れており、市民の生涯学習や課題解決を支え、市民の参画と協働による
まちづくりの基盤となる重要な施設であることから、さらに検討を進め
た結果、旧図書館だけでは十分に市民ニーズを充足させることは不可能
であるとの結論に至り、図書館を本市の「知の拠点」としてリニューア
ルし、茜が丘に新築移転して、4つの施設を総合的に整備することとな
ったものである。

　そして、2015年（平成27年）10月に、『人つどい　人つながり　人は
ぐくむ　交流の場』というコンセプトのもと、西脇市茜が丘複合施設
「Miraie」がオープンした。

## 3．複合施設「Miraie」の運営形態

　複合施設「Miraie」は、市の直営からなる「図書館」「こどもプラ
ザ」「男女共同参画センター」と、指定管理による「地区コミュニティ
センター」からなっている。

　Miraie は、中核機能である図書館、子育て支援機能、男女共同参画

推進機能、そして地区のコミュニティセンターの4つの機能を一体的に運用することで、より効果的に地域や市民の課題解決を図り、それぞれの目的が達成できるよう施設整備を行ったものである。

Miraieという愛称は、全国から公募し、市民による投票で決まった。Miraieには、「未来へ」と「未来の家」という2つの意味が込められており、家庭でも職場や学校でもない第三の居心地のよい場所「サードプレイス」になり、まちの未来へとつながる市民の新たな交流拠点を目指している。

## 4．こどもプラザの誕生

2015年（平成27年）10月の開館まで西脇市には児童館はなかったが、両親教育の場である「子育て学習センター」が、未就学の子どもと保護者の居場所としての役割も担っていた。

しかし、子育て学習センター機能だけでは支援しきれない親子の居場所の確保も課題であった。具体的に挙げると、小学生から18歳までの児童の居場所がないことや、男性保護者が利用しやすい環境の未整備等の点である。これらの課題解決と、総合計画にも「子育て支援の拠点施設を整備する」との方針を揚げていたことから、児童館と子育て学習センターの2つの機能をもつ『こどもプラザ』を整備することとなった。

現在、この2つの機能それぞれが両輪のように機能することで、西脇市の子育て支援の充実が図られている。

## 5．こどもプラザの取り組み

こどもプラザには、保育士、幼稚園教諭、児童福祉司のほか社会福祉士や臨床心理士を配置している。子育てに不安のある保護者や孤立しがちな親子に寄り添い支援を行っている。

また、認定こども園の入園や児童手当のことについての相談など、子どもに関する総合案内役として「子育てコンシェルジュ」を配置し、市役所本庁の保健師や家庭児童相談員と連携をするなど、さまざまな角度から総合的な子育て支援ができる体制を取っている。

これらは、本市に初めて児童館が建設されるということで、子育て中の保護者からの「有効な施設にすべきである」との期待が大きかったため、こどもプラザを計画していく段階で、子育て中の保護者や市内の女性団体の代表で構成する検討委員会、また子育て学習センターで活動をしているボランティア3グループとの調整会を重ねた中で出た意見を踏まえて、整備した結果である。こうした検討委員会や調整会では、ボランティアのメンバーや保護者の強い思いもあり、初回からさまざまな意見や要望が出され、50項目以上の質問を受けるなどしたが、開催回数を重ねながら、1項目ずつ丁寧に調整を行ったものである。

　こどもプラザは、ただ単に子どもを“見守る”“遊ばす場”だけではなく、学識経験者や関係者と共に作成したカリキュラムに基づいて、成長段階に沿った子育て支援を行っているのである。

　こどもプラザの基本方針は、子どもや保護者、地域の人など多様な世代が集い、子どもの健全な育成と子育て世代をみんなで支えていく環境をつくることにある。

　運営方針では、①子どもにとって魅力ある空間づくり、②子どもと親が育ち合う場所づくり、③地域の人が関われる子育て支援体制の推進、④子育て中の保護者を総合的に応援する場所づくり、⑤子育て情報の発信の拠点、⑥複合施設・文教地区であることを生かした連携の6つの項目を掲げている。

　その中で、児童の育ちの保障、地域の子育て力の向上、家庭の子育て力の向上を図るため、以下の7つの事業を実施している。

### ①少子化対策事業

　次世代の中高生、子育て中の保護者、子育てが終わった祖父母世代を対象とした「3世代パパ・ママ育て事業」を実施している。中高生には、家庭をもつ大切さや子どもをもつ大切さについての講座を設け、子育て中の保護者に対し、他機関と連携を図りながら結婚から出産、子育てに至る各段階の不安や悩みを解消していくことで、切れ目のない総合的な支援を行う。子育てに係る不安や悩みを気軽に相談できる環境をつくるとともに、妊娠や出産、子育てに関する情報発信を行う。また、祖

父母世代には、子どもとの関わり方や子育て中の保護者が抱える課題等について学ぶ研修を実施し、子どもや保護者と接する際の知識を得る場を設ける。

### ②みらいえ地域子育て事業

子どもの学習習慣の定着を図るとともに、地域における子育て支援体制の整備を進め、子どもの健全育成を図る（認定NPO法人みなみ会に委託）。

### ③利用者支援事業

臨床心理士や子育てコンシェルジュを配置し、いつでも相談できる環境をつくるとともに、適切に関係機関へつなぎ、子育て中の保護者への総合的なサポートを行うものである。日々の遊びや定期的なプログラムを通じて支援が必要な子どもへアプローチし、必要に応じて専門機関へつなぐ。

### ④イベントの実施

さまざまなイベントを開催することにより、子どもの遊ぶ力の習得や遊びを通した学びを促し、日常では体験することができない遊び等の機会を提供する。親子で参加できるイベントでは、保護者同士や子ども同士がつながるきっかけの場を提供する。

### ⑤子育て支援者研修

職員自身が子育て支援に関する研修等に積極的に参加することにより、スキルを高め支援の質の向上を図る。また、他市との交流を深め、定期的な情報交換を行うことにより、偏りのないバランスの取れた支援を行い、子育てができる環境を整える。子育て支援に役立つ情報や技術の習得の場を提供し、地域の子育て力の向上を図る。

### ⑥サテライトの充実

西脇市には、こどもプラザのサテライトが各中学校の校区にある（へそっこランド、あいあいランド、わくわくランドの3つ）。サテライトでの事業の充実を図ることで、保護者が地域で安心して子育てができる環境を提供する。地域や保護者のつながりを深める場を提供する。利用者に積極的に関わる中で、潜在的なニーズをくみ取る場とする。

**図10-1　こどもプラザ**

### ⑦他機関との連携

　児童館は、0 〜 18 歳までの子どもを対象とし、安全で安心できる子どもの居場所を提供するとともに、子どもが健やかに成長し、イキイキと活動できる行事を実施している。また、地域や関係機関との連携を図りながら保護者の支援を行っている。

　上記こどもプラザのカリキュラムに加え、2 つの機能である児童館と子育て学習センターも各カリキュラムに沿って事業を展開している。

　その中で、子育て学習センター事業は、孤独な子育てにならないための仲間づくりができるように、保護者同士がつながり、助け合いながらお互いを高め合う関係づくりのきっかけとなる場を提供し、親子の触れ合い活動を通して、保護者が子どもと向き合いじっくりかかわることのできる時間を提供するものである。そして、保護者への支援とともに保護者の学びを大切にしており、その学びの中でも、多く取り入れているのが、「絵本の読み聞かせ」である。季節を感じる内容、その日の事業に関係する内容、ぜひ紹介したい内容等その時々に合った絵本を提供している（図 10-1）。

　さらに、こどもプラザは、図書館司書から指導や助言をもらうだけでなく、さまざまなつながりをもつ場となっている。代表的なものとして、毎月発行している子育て新聞「ことのは」がある。「ことのは」の名前には、言葉を大切にして保護者へ伝えるとの思いが込められている。新聞には、こどもプラザの教室や講座、行事、小児医療に関する豆

知識を掲載している。また、0歳からのおはなし会の案内や図書館司書が薦める絵本の紹介などが掲載されている「らいぶらりんこ」という図書館だよりも一緒に配布している。


【「こどもプラザ」基本データ】

1）2018（平成30年）度の利用者数（サテライトを含む）：12万1203人

2）つどい事業（未就学の子どもとその保護者を対象）で絵本等の読み聞かせをしているもの

　①みんなのつどい（未就学の子どもとその保護者を対象にしたもの）：36回／年　参加人数：1179人／年

　②ベビーのつどい（概ね1歳6か月までの乳幼児を対象にしたもの）：66回／年　参加人数：2277人／年

　③おやこ交流教室（登録制で、市内在住の未就学の子どもとその保護者を対象にしたもの）：81回／年　参加人数：3726人／年

3）図書館とこどもプラザが連携して実施したイベント：3件／年

　①みらいえ（みらフェス）×図書館まつり：7000人

　②こどもプラザフェスタ（2日）×図書館まつり（1日）：3062人

　③こどもプラザ夏まつり：親子200組、348人


## Ⅱ．新図書館開館

### 1．西脇市図書館の歴史

　西脇市図書館は、1984年（昭和59年）4月に、播磨内陸生活文化総合センター内に郷土資料館、情報センターと共に開館した[1]。

　当時は、近隣市町にまだ本格的な図書館が少なく、西脇市図書館は北播磨地域では比較的早い時期に設置された先駆的な図書館であった。しかし、その後近隣市町にも本格的な図書館が設置され、その影響を受けてか、西脇市図書館の利用状況は長らく低迷することとなる。

## 2．新「西脇市」誕生と総合計画の策定

　こうした中、西脇市は「地理的・歴史的にもつながりが深く、経済活動・文化・日常生活など、さまざまな面で一体的な生活圏を形成しており、同じ加古川流域にある[2)]」黒田庄町との合併を進めるべく、2005年（平成17年）2月に『西脇市 新市まちづくり計画』を策定し、同年10月には新「西脇市」が誕生した。

　新「西脇市」誕生に伴い、西脇市では新しいまちづくりを進めていくため、その指針となる『西脇市総合計画─基本構想・前期基本計画─』を2007年（平成19年）10月に策定した。

　西脇市では、従来から施策の柱として、「子育て支援の充実」を掲げてきたが、さらに西脇市の『前期計画』（西脇市 2007）では、子育て支援の環境整備を進めていく中で、多様化する子育てニーズに対応していくため、現在図書館が設置されている茜が丘複合施設を、子育て支援の中核となる新たな拠点施設として整備を進めていく方針が示された。

　ただこの時点では、図書館については、生涯学習施設の整備として、施設のあり方について検討を進めるにとどまった。その後、地元のアンケートや集客等を考慮する中で、図書館機能も整備する考えが出てきた。

　そして、紆余曲折の末、2013年（平成25年）3月に策定された『西脇市総合計画─後期基本計画─』では、西脇市の知の拠点として、多様化する市民の学習活動を支援するため、図書館を整備して、図書館機能の向上を図ることとし、主な取組事業として、茜が丘複合施設整備事業の中に図書館の整備が加えられた。


## 3．新図書館の開館

　2015年（平成27年）8月末に、播磨内陸生活文化総合センター内にあった図書館が31年間余りで閉館し、同年10月に新しい図書館が、茜が丘複合施設内に、「こどもプラザ」、「男女共同参画センター」、「コミュニティセンター」と共に開館した（図10-2）。

　「図書館」、「こどもプラザ」、「男女共同参画センター」、「コミュニテ

**図10-2　図書館の外観**

ィセンター」の4機能を備えた茜が丘複合施設「Miraie」[3]は、「人つどい 人つながり 人はぐくむ 交流の場」を基本コンセプトに、あらゆる年代層の人々がつどえる場として整備された。

　これら4機能をもつ複合施設のため、各機能の効果を相乗的に高められるよう、各施設が連携して活動を行っている。特に、茜が丘複合施設は、計画当初から子育て支援の拠点施設として整備を予定されてきた中で、あらゆる年代層から利用される図書館と「こどもプラザ」との連携については、さまざまな取り組みが計画され、開館して4年が経過したいま、具体的に進行中である。

## Ⅲ．新図書館の成果と図書館の 「子育て支援事業」の取り組み

### 1．新図書館の利用状況

　表10-1からわかるとおり、新図書館開館以前の図書館の利用は非常に低調であったが、開館以後は見違えるほど利用が増加した。

　開館前の2014年度（平成26年度）の貸出密度[4]は4.3で、人口4万人台の自治体69市中32番目であったが、開館後の2017年度（同29年度）の貸出密度は9.0で、人口4万人台の自治体72市中5番目となり、飛躍的に上昇した[5]。

表10-1　基礎データ

| | 2014（H26）年 | 2016（H28）年 | 2018（H30）年 |
|---|---|---|---|
| 歳出規模（決算） | 5045万円 | 6766万円 | 7114万円 |
| 貸出利用者数 | 3万7724人 | 8万76人 | 8万3834人 |
| 貸出冊数 | 19万658冊 | 35万5353冊 | 41万1190冊 |
| 9歳以下の貸出冊数 | 2万2559冊 | 6万8266冊 | 6万7567冊 |
| 来館者数 | 5万4263人 | 20万741人 | 18万8909人 |
| おはなし会参加者数 | 716人 | 1090人 | 1315人 |

表10-2　効果比較表（統一比較のための表）

| | 市・図書館名 | | 西脇市図書館 | |
|---|---|---|---|---|
| | 運営者名 | | 市直営（機能複合化改革手法） | |
| | データ年度（改革前後） | | 2014 | 2016 |
| 分子（効果絶対値） | A. 年間の貸出利用者数（万単位） | | 3.8 | 8 |
| | B. 年間の貸出冊数（万単位） | | 19.1 | 35.5 |
| 分母（基準化単位） | X. 人口規模（万単位） | | 4.3 | 4.2 |
| | ω. 行政コスト（直営の場合は歳出経費で比較）（万円単位） | | 5044.7 | 6766.1 |
| 効果指標1（人口1人あたり） | a. 人口1人あたり年間の利用者数 | | 0.9 | 1.9 |
| | b. 人口1人あたり年間の貸出冊数 | | 4.4 | 8.5 |
| 効果指標2（行政コスト 万円あたり） | α. 行政コスト（万円単位）あたり年間の利用者数 | | 7.5 | 11.8 |
| | β. 行政コスト（万円単位）あたり年間の貸出冊数 | | 37.9 | 52.5 |
| 効率指標（行政コスト 円） | γ. 年間の利用者数あたり行政コスト | | 1333 | 847 |
| | δ. 年間の貸出冊数あたり行政コスト | | 264 | 190 |

$a = A/X, b = B/X; \alpha = A/\omega, \beta = B/\omega, \gamma = 10000/\alpha, \delta = 10000/\beta$

　全体の貸出冊数では、新図書館開館前後を比べるとほぼ倍の伸びとなっているが、年齢別の貸出冊数では、9歳以下の利用は3倍以上の伸びとなっている。子育て支援施設である「こどもプラザ」が同じ施設内に設置されているということが、利用に大きく影響しているのではないかと思われる。

　公立図書館は、元来あらゆる年齢層や社会階層、利用に障がいのある人びと等に公平にサービスすることを基本としている。子育て支援を柱とする複合施設内にある西脇市図書館は、当然のことながら子育て支援施設である「こどもプラザ」との連携も含めて、子育て支援をサービスの大きな柱の1つとして捉えており、新図書館開館以来、特にさまざ

な取り組みを実施してきた。

## ２．新図書館の子育て支援への取り組み

⑴ さまざまな連携による取り組み

### ①子育て支援施設「こどもプラザ」との連携

子どもの成長過程における読書の大切さを知ってもらうため、「こどもプラザ」に来られる親子を対象に、当館の司書が「こどもプラザ」に出向き、不定期ではあるが、絵本のよさや楽しさ、おすすめ絵本の紹介等について話をする場を設けたり、絵本の読み聞かせを行ったりしている。

また「こどもプラザ」から毎月１回発行される子育て新聞「ことのは」に図書館のページを設け、おすすめ図書や新しい図書の紹介、イベントのお知らせを掲載している。

その他、日常的に図書館から「こどもプラザ」に必要な絵本等を貸出したり、絵本選びのアドバイスやイベントの共同での開催を実施したりしている。

また、図書館でのおはなし会の時には、逆に「こどもプラザ」に来ている親子へのお誘いをするなど、さまざまな連携を図っている。

### ②学校園との連携

a) 図書の団体貸出

学校や幼稚園、保育園等への図書の団体貸出は、多くの図書館でも実施されているが、当館においても以前から実施している。西脇市内には図書館が１館しかないため、特に、図書館から離れた学校園では、先生方の図書館に出向く時間がなく、団体貸出を利用することが以前から困難な状況にあった。

そこで2017年（平成29年）６月から、先生方の負担を少なくするため、図書が学校園に届けられるよう図書の運搬を業者に委託し、また図書の選定も、電話やファックスで内容の連絡を受けると図書館で準備して届けられるよう、改善した。これにより学校園への団体貸出数は、2017年（同29年）以降、大きく増加した（表10-3）。

表10-3　学校園への団体貸出冊数

| 2014(H26)年度 | 2015(H27)年度 | 2016(H28)年度 |
|---|---|---|
| 2270 冊 | 2510 冊 | 4245 冊 |

| 2017(H29)年度 | 2018(H30)年度 |
|---|---|
| 7277 冊 | 5761 冊 |

b）図書の読み聞かせ、ブックトーク等

　学校園からの依頼を受け、「朝の読書の時間」等に絵本等の読み聞かせやストーリーテリングを実施したり、授業時間を使ってさまざまなテーマによるブックトークや図書館の使い方、図書の扱い方の説明等を実施したりしている。

　また先生方との連携として、子どもの図書の紹介や図書の選定・除籍、学校図書室の整理等へのアドバイス、図書館担当者会への参加等を行っている。

　③行政との連携

　西脇市図書館では「できるだけ小さい時から本に親しんでもらいたい」という思いから、出生届時と10か月児乳児相談時の2回、ブックスタート事業として、絵本を配布している。

　また西脇市健康課では、子育て支援策として、保護者に対して、就学前までの子育て期のライフプランづくりのお手伝いをする「子育て応援ライフプラン事業」を実施しており、図書館ではこの事業と連携して、絵本の配布を行っている。

　健康課が実施している「10か月児乳児相談」時には、図書館職員が乳児相談会場に出向き、直接絵本を手渡すとともに、図書館やおはなし会へのお誘いを行っている。こうしたことが、おはなし会の参加者増加にもつながっているように思われる。

　④ボランティアとの連携

　a）おはなし会

　多くの図書館で実施されている「おはなし会」は、西脇市においても旧図書館時代から長年にわたって実施してきており、新図書館開館後も

引き続き行っている。長年にわたり実施してこれたのは、図書館職員と多くのボランティアの方々との連携によるところが大きい。

　参加する子どもの年齢層が、年ごとに低年齢化しており、それに合わせて内容は絵本の読み聞かせが中心となっている。その参加人数も、基礎データからわかるとおり、新図書館開館前後で比べると倍近くに増えており、それ以後も増加しつづけている。これは新図書館の利用の増加に連動しているとも考えられるが、やはり子育て支援施設である「こどもプラザ」と同じ施設内にあるということが大きく影響していると思われる。

　b）絵本の読み聞かせ等のボランティア養成講座

　当館でのおはなし会は、毎週2回行っており、そのほか学校園等への出張おはなし会も開いている。図書館職員だけでは対応できないことから、図書館ボランティアの方にもサポートしてもらっている。それでも今後、対応が難しくなることを想定して、毎年ボランティア養成のため絵本の読み聞かせの基礎的な講座を開いており、わずかずつではあるが、ボランティアの数が増えている。

⑵　子育て関係図書コーナーの設置

　図書館が子育て支援施設「こどもプラザ」と同じ施設内にあることから、子育て中の保護者や将来子育てに携わる人の利用が多く見込まれることを予想して、開館当初から子育て関係図書を、小さい子どもと一緒に利用する保護者が見やすい場所に配架したほうがよいと考え、図書館としての本来あるべき場所（分類番号順の場所）とは別に、児童書や絵本コーナーの近くに配架した。また、料理や手芸等の家事関係図書も同様の考えで、子育て関係図書に隣接した場所に配架した。このコーナーには、少しでも子育て支援に役立つと思われる図書を、できるだけ幅広い分野から選定し、配架している。その内訳としては、子育てをテーマとした図書のほか、「名づけの本」や「妊娠・出産・育児・離乳食」「食事・栄養」「子どもの病気・健康」「保育・教育・受験」「親の仕事」「絵本の選び方」「家計」「防災」等、できるだけ幅広い分野からの選定につとめ、約700冊を配架している。

## ⑶「子どもの読書活動推進計画」での子育て支援

2001 年（平成 13 年）12 月に「子どもの読書活動の推進に関する法律」が施行され、この法律に基づき、2002 年（同 14 年）8 月に、国の「子どもの読書活動の推進に関する基本的な計画」が策定された。この計画を基本に、これまで各都道府県や市町村でも独自の計画が策定されてきた。

西脇市では、2013 年（平成 25 年）の「後期総合計画」（西脇市 2013）に「西脇市子どもの読書活動推進計画」の策定が明記されていたこともあり、2018 年（同 30 年）2 月に「西脇市子どもの読書活動推進計画」策定のための懇話会を設置し、1 年余りの協議の結果、2018 年度（同 30 年度）末に策定が完了した。

西脇市では、計画策定がやや遅れたが、今後計画の内容を着実に実行して、子どもの読書環境を少しでも改善し、子育て支援につなげることができれば、計画策定の遅れを取り戻すこともできると考えている。

計画の内容については、市町村の計画は国、都道府県の計画を基本に策定されているので、どこの市町村においても、同じような内容となっているが、家庭・地域、学校園、図書館、それぞれに掲げられた具体的な取り組みがどこまで実践できるかが課題である。


# Ⅳ．今後の取り組みについて

西脇市図書館の一番の課題は、市内に 1 館しか図書館がなく、以前からの公立図書館の基本理念を表す「いつでも、どこでも、なんでも、だれにでも」というスローガンにはほど遠い状況にあることである。公立図書館は、日常的に利用される施設であるため、身近にないとなかなか利用されない。特に子どもの場合は、身近にないと自ら利用することができない。

市民の身近な施設となるように各地域に図書館を設置することは、現状では非常に難しい状況にあるが、市民、特に子どもの身近に図書を配置できるような方策を今後、考えていく必要がある。

子どもたちの身近に図書を配置するには、学校園が最も身近な場所と考えられる。学校園には、すでに図書室等に図書が設置されているが、整備が不十分で、子どもたちにとって魅力のない環境となっている。

　子どもの身近に図書館を設置できないのであれば、少なくとも子どもにとって最も身近な場所である学校園の読書環境を魅力あるものに改善することが望まれる。

　新たに図書館を設置する難しさを思えば、そうした改善を行うことは、比較的たやすいことであり、今後子育て支援の観点からも、ぜひ取り組むべき課題であると考える。

## 注

1) 播磨内陸生活文化総合センターは、当時の自治省の新規施策として打ち出された「リージョンプラザ構想」によるもので、名前のとおり、播磨内陸広域行政圏における新しい生活文化の高揚と創造を目的に建設された。
2) 西脇市・黒田庄町合併協議会（2005）『西脇市新市まちづくり計画』西脇市・黒田庄町合併協議会。
3) 全国から公募し、市民の投票によって決められた茜が丘複合施設の愛称。
4) 「貸出冊数÷人口」で計算される。
5) 『日本の図書館 2015』および『日本の図書館 2018』（いずれも日本図書館協会）のデータより。2014 年（平成 26）年 4 月 1 日現在の西脇市の人口は、4 万 2470 人。

## 参考資料

西脇市・黒田庄町合併協議会（2005）『西脇市新市まちづくり計画』西脇市・黒田庄町合併協議会

西脇市（2007）『西脇市総合計画―基本構想・前期基本計画―』西脇市

西脇市（2013）『西脇市総合計画―後期基本計画（平成 25 ～ 30 年度）―』西脇市

西脇市教育委員会（2018）『西脇市子どもの読書活動推進計画』西脇市教育委員会

# 第 11 章

# 震災からの復興
──宇城市立中央図書館の取り組み

## Ⅰ．本館の歴史と概要

### 1．経緯

　宇城市は、熊本県中央部に位置し、2005 年（平成 17 年）1 月に宇土郡の三角町、不知火町、下益城郡の松橋町、小川町、豊野町の 5 町が合併し誕生した、人口 5 万 8939 人（2019 年〔令和元年〕10 月 31 日現在）の自治体である。

　現在の中央図書館の設立の経緯は、2005 年（平成 17 年）1 月に、5 町合併により宇城市（5 図書館をもつ）が誕生したことから、図書館機能も集約し、2015 年（同 27 年）7 月に松橋図書館閉館ののち、2016 年（同 28 年）以降、統合と分館化をすすめた。2016 年（同 28 年）3 月に豊野図書館を中央図書館豊野分館に変更、同年（同 28 年）4 月に松橋図書館を中央図書館へ統合、2018 年（同 30 年）4 月、三角図書館を中央図書館三角分館に、小川図書館を中央図書館小川分館に変更した。

### 2．概要

　宇城市立中央図書館は延面積 932.40㎡で運営形態は市の直営である。

　合併前の 1999 年（平成 11 年）、不知火町時代に「熊本アートポリス事業」の一環として建設。「不知火文化プラザ」が建物の右側に図書館、左側に美術館を併設する。現在、市の図書館は、中央図書館の下、1 館 3 分館体制となっている（図 11-1）。

中央図書館

三角分館

小川分館

豊野分館

**図11-1　各館の外観**

## Ⅱ．震災後の政策と実績

　2016年（平成28年）の4月14日〜16日、熊本地方を大地震が襲った。市は復興のまちづくりを掲げ、関係者は、多大の被害をうけた図書館の再生につとめてきた。

　例えば、2019年（平成29年）3月策定の第2次宇城市総合計画は、「いざ、復興へ〜市民生活を最優先するまちづくりを目指して〜」を念頭に、熊本地震や豪雨災害からの早期復旧・復興に取り組みながら、宇城市が目指すまちづくりのビジョンを示している。

　その結果、表11-1に示すように、利用者数は、4万8574人→6万4545人→6万7496人、貸出冊数は、24万6504冊→34万6872冊→36万5495冊と急増している。

　この間、通常の歳出規模は減っている。そのため、費用対効果としての「決算1000円あたりの利用者数」は、0.44 → 0.58 → 0.70 と6割近く

表11-1　基礎データと費用対効果

|  | 2016（H28）年 | 2017（H29）年 | 2018（H30）年 |
|---|---|---|---|
| 歳出規模（決算） | 1億987万円 | 1億1069万円 | 9604万円 |
| 行政コスト | 1億3479万円 | 1億3691万円 | 1億2067万円 |
| 貸出利用者数 | 4万8574人 | 6万4545人 | 6万7496人 |
| 貸出冊数 | 24万6504冊 | 34万6872冊 | 36万5495冊 |
| 費用対効果<br>（決算1000円あたりの利用者数） | 0.44 | 0.58 | 0.70 |
| 費用対効果<br>（決算1000円あたりの貸出冊数） | 2.24 | 3.13 | 3.81 |

も増加し、費用対効果としての「決算1000円あたりの貸出冊数」は2.24→3.13→3.81と7割近くも増加している。災害前よりも、多くの市民が利用する市民のシンボルとなっているのである。関係者の努力の賜でもある。

　そこで、本章では、2016年（平成28年）熊本地震により、大きな被害を受けた宇城市立中央図書館の震災から復興までの1年3か月の取り組みを振り返る。

# Ⅲ．2016年（平成28年）地震発生

## 1．平成28年熊本地震発生：2016年（平成28年）4月14日〜16日

　宇城市では、2016年（平成28年）4月14日午後9時26分の前震で震度6弱、その約3時間後に震度6強、16日午前1時25分の本震では震度6強を観測した。震度6弱1回、震度6強2回。その結果、甚大な被害をもたらした（表11-2）。

表11-2　被害状況

| 全壊 | 539件 |
|---|---|
| 大規模半壊 | 362件 |
| 半壊 | 2034件 |
| 関連死 | 13人 |
| 不知火文化プラザ災害復旧工事費<br>（併設の美術館含む） | 4901万2222円 |

（注）工事費以外は令和元年11月13日現在

**図11-2　地震直後の館内・閉架書庫**

　図書館は、天井からの落下物、足の踏み場もないほどの本の散乱、壁面の本はほとんど落ちるなど想像以上の状況であった（図11-2）。

　開架書庫1万5000点、閉架書庫3万1000点、あわせて4万6000点の資料が散乱した。建物はアルミ製のルーバーで囲まれ、内部の天井もアルミ製のルーバーで覆われている。その天井のルーバーが落下、書架を直撃し、宙ぶらりんになった。厚さ約2cmで、飛散防止のフィルムコーティングされた壁面の大きなガラスが前震で1枚、さらに本震で1枚破損した。地震発生が、夜だったので、来館者に被害がなかったことが不幸中の幸いだったが、天井の落下等、建物自体に大きな被害を受けた中央図書館は、再開のめどが立たない状況になった。

　中央図書館以外の3館（三角・小川・豊野）は、書架や本に被害を受けたが、建物自体に被害がなかったので、2016年（平成28年）4月20日から通常再開することができた。

# Ⅳ．中央図書館閉館中(1) 被災直後の対応

## 1．避難所ミニ図書館の設置（避難所支援特別貸出）： 2016年（平成28）年4月

　隣接している中央公民館長より、「避難している子どもたちのために本の貸出ができないか」という申し出があり、避難所への特別貸出を計画した。中央公民館、武道館、ウイングまつばせ、サンアビリティーズの避難所の一角に本を置き、避難所支援特別貸出「避難所ミニ図書館」を開設した（図11-3）。

　中央図書館が届けた本は、5か月で合計726冊になった。始める前は、本を管理する人がいないので、紛失、破損するのではないかと案じたが、そこは、利用者の良心に任せることにした。結果的には、貸出した約5%（35冊）は、返却されなかった。しかし、当時の避難所の実情を考えると、ほとんどの方が良心的に本を利用していただいたと考えている。

図11-3　ミニ図書館

## 2．復興イベント「おはなしおとどけ隊」：2016年（平成28年）5月

　震災からの心の復興を願い、「おはなしおとどけ隊」という事業をスタートした。5人以上の参加があれば、その代表者からの要請により、市内の公共施設に図書館職員や読み聞かせのボランティアが出向き、おはなし会を開催するというものである。絵本の読み聞かせはもちろん、映写会、手品等も披露した（図11-4）。この事業は、2016年（平成28

図11-4　おはなしおとどけ隊

図11-5　移動図書館車仮ステーション（中央公民館）

年）5月5日から翌2017年（同29年）3月30日まで13回行い、参加人数は389人に上った。

### 3. 中央公民館に移動図書館車の仮ステーション開設：2016年（平成28年）5月

　不知火保育園は、移動図書館車のステーションの1つだった。しかし、地震のため、中央公民館の一部が一時、不知火保育園の仮園舎となっていたので、そこに移動図書館車の仮ステーションを開設した。園児たちが、たくさん集まって本を借りていった（図11-5）。

### 4. 「街なか図書館（濱まち）」に移動図書館車の新ステーション開設：2016年（平成28年）6月

　移動図書館車の新しいステーションとして、2016年（平成28年）6月

8日、『街なか図書館・濱まち』を開設した（図11-6）。

　もともと「街なか図書館（濱まち）」は、（旧）松橋図書館が老朽化・耐震不足等により閉館したことがきっかけとなり、地元住民が中心となって、元呉服店だった空き店舗を約1年かけて改装し、地震直前の2016年（平成28年）2月に開設されたばかりの民間図書館である。場所は、中央図書館から車で5分ほどの松橋駅通り沿いにある。

　地震後は約1か月休館していたが、2016年（平成28年）5月に再開したため、ここを移動図書館車の新ステーションとして開設したわけである。

図11-6　街なか図書館（濱まち）

## 5．復興イベント：2016年（平成28年）6月

　2016年（平成28年）6月25日、七夕イベントを通して、復興を願い、少しでも和んでもらえたらという思いから「ほしにおねがい〜たなばたまつり」を開催した。被災された住民や地域の親子など約30人が参加した。

## 6．中央図書館駐車場に移動図書館車臨時ステーション開設：
## 　　2016年（平成28年）8月

　2010年（平成22年）4月から運行開始した移動図書館車は、必要に応じて、巡回地の検証、見直しを行いながら、通常は、平日の火曜日から金曜日に運行。絵本、紙芝居、実用書等約3000冊を載せて、保育園、小学校、高齢者施設、公民館等39か所、1つのステーションを月に2

図11-7　移動図書館車臨時ステーショ
ン（中央図書館駐車場）

回、巡回している。

　多くの子どもたちが図書館を利用する夏休みに「不知火・松橋地区の子どもたちが利用できる図書館がない」ということがきっかけとなり、中央図書館の駐車場に、移動図書館車ステーションを臨時にオープン。移動図書館車を他所に運行しない土日祝日に臨時開館した（図11-7）。臨時開館は、2016年（平成28年）8月6日から翌2017年（同29年）6月4日まで実施した。

## 7．図書館まつり：2016年（平成28年）11月

　例年2日間の図書館まつりを2016年（平成28年）11月26日、同じ敷地内にある、中央公民館で開催した。熊本弁ラジオ体操で、心と体をほぐし、マジックショーで楽しみ、調理室では、親子でホットケーキを作った。

## 8．読書感想画展および表彰式（小川総合文化センター）：
## 2017年（平成29年）1月

　読書感想画展（2017年〔平成29年〕1月5日〜15日）と表彰式（同年1月5日）を開催した（図11-8）。応募総数125点の中から特別賞18点が選ばれ、表彰式が行われた。感想画を見ていると、その本を読んでみたくなる力作ばかりである。関連図書を小川分館に展示した。

図11-8　読書感想画表彰式（左）、読書感想画展（右）

# Ⅴ．中央図書館閉館中(2) 再生へのあゆみ

## 1．復旧工事の進捗

①足場設置・修復作業：2017年（平成29年）1月

足場が設置され、本格的な工事が開始された（図11-9）。

②閉架書庫復旧作業（～2/9）：2017年（平成29年）2月

2017年（平成29年）2月上旬、閉架書庫の復旧工事作業が開始された。倒壊防止のため閉架書庫の書架を大幅削減せざるを得ず、選書しながら蔵書搬入・整理作業を行った。約700冊除籍した（図11-10）。

③館内奥足場撤去開始：2017年（平成29年）3月

館内奥の足場の撤去が始まった（図11-11）。

④職員通用口のガラス庇を取り付け：2017年（平成29年）3月

⑤南側駐車場・北東側進入路工事完了：2017年（平成29年）3月

正面玄関前広場に約100台分の駐車スペースと障がい者利用駐車スペ

図11-9　足場が設置された館内

図11-10　復旧工事中の閉架書庫

図11-11　館内足場撤去

ース4台分が新設された。北東側進入路が車両での通行が可能になった。

　⑥館内足場完全撤去：2017年（平成29年）4月

　⑦館内整理作業本格化：2017年（平成29年）4月

　養生シート・カバーが撤去された。館内の整理作業が本格化し、急ピッチで、進む。


## 2．復興の対応

　①中央図書館＆不知火美術館共同企画：2017年（平成29年）2月

　2017年（平成29年）2月4日、節分おはなし会＆鬼のお面作りを行った。

　②中央図書館＆不知火美術館＆中央公民館合同企画：2017年（平成29年）3月

　2017年（平成29年）3月4日、不知火・わくわく不思議体験講座を開

催した。図11-12は、不思議の国のアリスの絵本の世界に入って遊ぼう
というブースでの一コマ。

　③中央図書館＆不知火美術館共同企画：2017年（平成29年）4月

　館内整理作業と平行して2017年（平成29年）4月3日、図書館司書
手作りのパネルシアター「3つの願い」上映、ならびに、おしゃれなノ
ートカバー作りを開催した（図11-13）。

　④中央図書館＆不知火美術館共同企画：2017年（平成29年）5月

　2017年（平成29年）5月14日、「親子でつくろう！　新聞紙の服　母
の日紙芝居とわらべうた♪」のイベントを開催した。

　⑤ボランティア（14人登録）活動開始：2017年（平成29年）5月

　復旧工事を終えた館内は、ホコリだらけで、2017年（平成29年）7月
上旬までにすべての資料の清掃・整理等の作業をしなければならなっ
た。そこで、人手不足が急務となり、図書館だより、広報誌でボランテ
ィアを募集。ありがたいことに、14人の応募があった。

　⑥蔵書点検（6/10～6/30）：2017年（平成29年）6月

　⑦中央図書館＆不知火美術館共同企画：2017年（平成29年）7月

　2017年（平成29年）7月1日、エプロンシアター「早ね早起き朝ごは
ん」・ペーパークラフトで火の鳥モビールづくりを開催した。

　⑧再開に向けての館内の最終調整（～7/6）：2017年（平成29年）7月

　地震の被害を忘れないため地震関連の新聞記事や50冊の本を集めた

図11-12　不思議の国のアリス

図11-13　おしゃれなノートカバーづくり

図11-14　震災コーナー、各ブース震災写真

震災コーナーを新たに設置した。また、各ブースには、震災写真も展示した（図11-14）。再開に向けての準備が着々と進む。

⑨中央図書館オープン：2017年（平成29年）7月

そして、迎えた2017年（平成29年）7月7日、中央図書館オープンの日である。再開を待ち望んでいた住民およそ110人が開館とともに来館。くまモンを迎えてのオープニングイベントでは、地元の保育園児による歌、くまモン体操を披露、園児たちは、その後、館内でくまモンと一緒に七夕の飾りつけを楽しみ、写真撮影をした（図11-15）。

図11-15　オープンの日

## Ⅵ. まとめ──市民への感謝

　長期休暇せざるを得ない中、「○○だからできない」のではなく、「○○すればできるという気持ちの切り替えから始まった。「今できることは何か」を探していたら、「今だからできること」に出会えた中央図書館取り組みの1年3か月であった。

　2017年（平成29年）7月7日、図書館が戻ってきた。中央図書館が震災から見事に息を吹き返した瞬間である。本が何よりも大好きな図書館職員が、地震を経験し、多くの方々に支えられ、助けられて図書館を再開させた。

　熊本地震から4年。時は流れ、元号も平成から令和になった。近年、自然災害が多発している。

　この経験を生かして、次世代に防災や復興の教訓と記憶を継承していかなければならない。

　図書館では、震災写真のデジタルアーカイブ化と記録誌を残すことにより、震災の様子を「資料でつなぐ」ことができると考える。

　公立図書館は、利用者あってこそのものである。司書は、一人でも多くの市民に本を借りてもらい、活字に親しみ、自らの生涯学習に役立ててもらうことを常に心掛けている。

　児童期に読書習慣が形成されるといわれることから、子どもと本を結びつける努力が必要である。そこで、宇城市立中央図書館では、子どもたちが、幼い頃から本に接することにより、絵本や物語の世界の楽しさを味わい、豊かな心を育成するために、季節のおはなし会、工作会、映

**表11-3　効果比較表（統一比較のための表）**

| | 市・図書館名 | 宇城市立中央図書館 | |
|---|---|---|---|
| | 運営者名 | 市直営（合併統合） | |
| | データ年度（改革前後） | 2016 | 2018 |
| 分子（効果絶対値） | A. 年間の利用者数（万単位）<br>B. 年間の貸出冊数（万単位） | 4.9<br>24.7 | 6.7<br>36.5 |
| 分母（基準化単位） | X. 人口規模（万単位）<br>ω. 行政コスト（直営のままの場合は歳出経費で比較）（万円単位） | 3.4<br><br>10987 | 3.2<br><br>9605 |
| 効果指標1<br>（人口1人あたり） | a. 人口1人あたり年間の利用者数<br>b. 人口1人あたり年間の貸出冊数 | 1.4<br>7.3 | 2.1<br>11.4 |
| 効果指標2<br>（行政コスト 万円あたり） | α. 行政コスト（万円単位）あたり年間の利用者数<br>β. 行政コスト（万円単位）あたり年間の貸出冊数 | 4.5<br>22.5 | 7.0<br>38.0 |
| 効率指標<br>（行政コスト 円） | γ. 年間の利用者数あたり行政コスト<br>δ. 年間の貸出冊数あたり行政コスト | 2222<br>444 | 1429<br>263 |

$a = A/X$, $b = B/X$; $\alpha = A/\omega$, $\beta = B/\omega$, $\gamma = 10000/\alpha$, $\delta = 10000/\beta$

写会などさまざまな事業を展開している。

　今後は、ホームページ・広報誌等を充実させることにより、情報を提供し、いかに利用者の拡大につなげるかが課題である（表11-3）。震災後、公式SNS（フェイスブック・インスタグラム）を開設したので、家庭や職場などから図書館情報がより身近に入手できるようになった。

　また、地元の書店とタイアップし、蔦屋書店に中央図書館司書選書のおすすめ本を、中央図書館に蔦屋書店員選書のおすすめ本を特設。「夏に読みたい本」を書店と図書館に展示して、書店の売上増、図書館の貸出増につながった。これからも、各部署、企業等と連携を取りながら、さらなる利用促進を図っていく。

　図書館は、子どもから大人まで幅広く誰でも楽しむことができる場所である。また、図書館は、「本」という「賢者」が本の数だけいる場所でもある。その「賢者」に囲まれ本を読み、「賢者に」囲まれ心引き締め、「賢者」に囲まれ研鑽を積む心安らぐ場所ではないだろうか。

　あなたの人生に図書館に行くという選択肢を加えてほしい。

　図書館を利用する、訪れるのに理由はいらない。

　そこに図書館があるから行く、利用する。それでいい。

もしかしたら、そこで「あなたの1冊」の本に出合えるかもしれない。

「ひとりじゃないよ〜本の力を届けたい〜」

さくらちゃんとこすもすちゃん

〜宇城市立中央図書館ではあなたのくらし・こころを応援しています〜

# 第12章

# 連携都市圏における
# 図書館運営
—— 京都府北部連携都市圏の現状と課題

## Ⅰ．京都府北部地域連携都市圏の概要

### 1．京都北部地域の概要

　京都府北部地域は、福知山市、舞鶴市、綾部市、宮津市、京丹後市、伊根町および与謝野町の5市2町によって構成され、日本海と丹波山地の山々に囲まれた地域である。兵庫県の但馬・丹波地域と福井県の嶺南地域に隣接する（図12-1参照）。

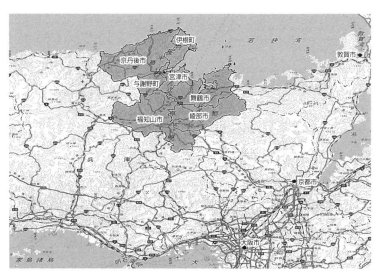

**図12-1　京都府北部地域の位置**
（出所）jSTAT MAP を用いて著者作成

**表12-1　京都府北部地域の人口**

|  | 1995 年 | 2000 年 | 2005 年 | 2010 年 | 2015 年 |
|---|---|---|---|---|---|
| 福知山市 | 82,555 | 83,120 | 81,977 | 79,652 | 78,935 |
| 舞鶴市 | 94,784 | 94,050 | 91,733 | 88,669 | 83,990 |
| 綾部市 | 39,981 | 38,881 | 37,755 | 35,836 | 33,821 |
| 宮津市 | 24,937 | 23,276 | 21,512 | 19,948 | 18,426 |
| 京丹後市 | 67,208 | 65,578 | 62,723 | 59,038 | 55,054 |
| 伊根町 | 3,361 | 3,112 | 2,718 | 2,410 | 2,110 |
| 与謝野町 | 25,939 | 25,593 | 24,906 | 23,454 | 21,834 |
| 北部地域 | 338,765 | 333,610 | 323,324 | 309,007 | 294,170 |

（出所）各年の国勢調査結果より作成

**表12-2　京都府北部地域の人口推計**

|  | 総人口（人） | | | | H22 比指数（%） | 合計特殊出生率 |
|---|---|---|---|---|---|---|
|  | 平成 22 年（2010 年） | 平成 32 年（2020 年） | 平成 42 年（2030 年） | 平成 52 年（2040 年） | 平成 52 年（2040 年） | 平成 22 年（2010 年） |
| 福知山市 | 79,652 | 73,680 | 67,139 | 60,414 | 75.8 | 1.96 |
| 舞鶴市 | 88,669 | 81,892 | 74,317 | 66,522 | 75.0 | 1.86 |
| 綾部市 | 35,836 | 31,707 | 27,533 | 23,662 | 66.0 | 1.63 |
| 宮津市 | 19,948 | 16,978 | 14,237 | 11,780 | 59.1 | 1.65 |
| 京丹後市 | 59,038 | 51,793 | 44,802 | 38,278 | 64.8 | 1.73 |
| 伊根町 | 2,410 | 1,887 | 1,454 | 1,116 | 46.3 | 1.51 |
| 与謝野町 | 23,454 | 20,552 | 17,748 | 15,107 | 64.4 | 1.71 |
| 全体 | 309,007 | 278,489 | 247,230 | 216,879 | 70.2 | 府 1.27 |

（注）資料：国勢調査、平成 32 年以降は国立社会保障・人口問題研究所
（出所）京都府北部地域連携都市圏形成推進協議会（2017）より引用・改変

　同地域の人口（2015 年〔平成 27 年〕国勢調査）は約 30 万人を数える
が、各市町において人口減少が見込まれており、2040 年（平成 52 年＝
令和 22 年）までに地域全体で約 22 万人に程度にまで減少する。2015 年
（平成 27 年）時点の各市町の人口をみると、舞鶴市が 8 万 3990 人、福
知山市が 7 万 8935 人で、北部地域の中心的な位置を占める。また、各
市町の合計特殊出生率は京都府平均および全国平均を上回る。他方で、
宮津市は人口 2 万人を下回り、伊根町の人口は 2000 人程度にとどまる
（表 12-1、表 12-2 参照）。しかしながら、単独で中核となり得る都市がな
いことから、各市町間での相互連携と役割分担により、京都府北部地域
で 1 つの経済・生活圏を形成することが進められている。

　京都府北部地域の公共施設に関しては、各市町の公共施設等総合管理

**表12-3　京都府北部地域における公共施設の削減目標**

| | 福知山市 | 舞鶴市 | 綾部市 | 宮津市 | 京丹後市 | 与謝野町 | 伊根町 |
|---|---|---|---|---|---|---|---|
| 短期（5年） | ・約11%（5万㎡）削減 ・FM実施計画策定 | — | — | — | — | — | — |
| 中期（10年） | 23%（10万㎡）削減 | — | 約25%削減（削減期間の明示なし） | — | — | — | — |
| 長期（30年） | 45%（20万㎡）削減 | 7%削減（H57年度まで） | — | 約30%削減 | （具体的目標は当該計画では明示なし） | （今後30年間で157,5億円の財源不足） | （具体的目標は当該計画では明示なし） |
| 延床面積(㎡) | 44万 | 36.5万 | 19.5万 | 14.4万 | 41.4万 | 13.4万 | 3.4万 |

（出所）遠藤ほか（2017）より引用

計画において、公共施設マネジメントの観点から、財政の中長期の見通し、人口減少による利用環境の変化、施設管理主体の見直し、代替施設の利用可能性等を踏まえ、公共施設を利用した公共サービスを、効率的かつ住民が納得できる品質で提供できるように模索している。多くの市町が、今後の財政状況（財源）と現状維持を前提とした公共施設の管理運営費および整備費（コスト）を比較し、財源不足に見合う公共施設の延床面積を削減することを今後の目標としている。各市町の具体的な削減目標は表12-3のとおりである。

## 2．京都北部地域における広域連携に向けた取り組み

　京都府北部地域における広域連携は、1990年代から模索されていたが、2010年代以降に本格的な取り組みがスタートした。

　2011年（平成23年）から、京都府北部5市2町の首長と京都府知事との意見交換が行われた。北部地域の現状・課題や広域連携のあり方等が協議され、5市2町による連携の重要性と今後の方向性が共有された。2012年（同24年）には、各市町の連携による京都舞鶴港の活性化に向けた取り組みが実施され、韓国・浦項市との間で、国際フェリートライアル事業や「日韓地域間交流推進のための宣言」が行われた。

　2015年（平成27年）4月には、北部5市2町は、地方創生の戦略として、「京都府北部地域連携都市圏形成推進宣言」を行い、「京都府北部地

域連携都市圏形成推進協議会」（以下、協議会と略す）を設立した。同地域では、若年層の流出による人口減少や高齢化の進行を背景にして、生産年齢人口のさらなる減少が見込まれ、地域経済・社会の衰退が懸念されている。そのため、各市町の有するそれぞれの強みを拡充・集約し、公共交通などのネットワークの利便性を向上させることで、北部地域で1つの30万人都市圏を形成することが示された。京都府北部地域における連携都市圏の形成は、中核市並みのスケールメリットを享受できる経済・生活圏の実現を目指したものであった。

　翌2016年（平成28年）に、協議会は、総務省の「新たな広域連携促進事業」委託団体に採択され、仮想的30万人都市を目指した連携施策を実施した。同事業では、圏域の現状を把握するために、全国の中核市における都市機能のサービス水準と北部地域全体のサービス水準に関する比較調査、交通状況に関する実態調査および公共施設の相互利用に向けた実態調査が実施された。ほかにも、ものづくり企業ガイドの作成や農商ビジネスフェアが試行事業として行われた。

　2017年（平成29年）7月には、協議会は「京都府北部地域連携都市圏ビジョン〜"北の京都"七つ星プロジェクト〜」（以下、連携都市圏ビジョンと略す）を策定した。このビジョンでは、「京都府北部地域連携都市圏形成推進宣言」に基づき、「人口減少を克服し、未来への希望を紡ぐ連携都市圏」という将来像が示され、圏域づくりの基本方針と7つの重点プロジェクト（"北の京都"七つ星プロジェクト）が明記された。京都北部地域の連携都市圏において、①圏域全体の経済成長、②高次の都市機能の確保・充実、③生活関連サービスの向上を実現するために、各市町が、観光や産業、移住、行政、交通等の各分野での連携施策を推し進め、水平型の「機能的合併」を推進することになった。

## 3．京都府北部地域の図書館と相互利用

　京都府北部地域の図書館は、各市町にそれぞれ設置されており、総数（2016年〔平成28年〕時点）は17か所である。蔵書総数をみると、北部地域全体では約118万5000冊を数える。福知山市の市民交流プラザ図

**表12-4 図書館の概要（H26 時点）**

| No. | 施設名 | 市町名 | 延床面積 (㎡) | 蔵書総数 (H26) |
|---|---|---|---|---|
| 1 | 市民交流プラザ図書館 | 福知山市 | 3,170.0 | 183,594 |
| 2 | 図書館三和分館 | 福知山市 | 348.0 | 18,736 |
| 3 | 図書館夜久野分館 | 福知山市 | 1,574.0 | 35,751 |
| 4 | 図書館大江分館 | 福知山市 | 1,783.0 | 18,620 |
| 5 | 舞鶴市立東図書館 | 舞鶴市 | 122.7 | 130,412 |
| 6 | 舞鶴市立西図書館 | 舞鶴市 | 939.3 | 118,434 |
| 7 | 綾部市図書館 | 綾部市 | 585.4 | 78,069 |
| 8 | 宮津市立図書館 | 宮津市 | 534.1 | 119,052 |
| 9 | 峰山地域公民館（図書室含む） | 京丹後市 | 2,041.3 | 73,077 |
| 10 | 弥栄地域公民館（図書室含む） | 京丹後市 | 1,791.5 | 24,596 |
| 11 | 丹後地域公民館（図書館含む） | 京丹後市 | 2,418.4 | 24,594 |
| 12 | あみの図書館 | 京丹後市 | 2,267.2 | 99,406 |
| 13 | 伊根町立本庄地区公民館 | 伊根町 | 513.5 | 130,772 |
| 14 | 伊根町コミュニティセンターほっと館 | 伊根町 | 1,368.8 | 12,538 |
| 15 | 与謝野町立図書館 | 与謝野町 | 601.0 | 66,805 |
| 16 | 図書館加悦分室 | 与謝野町 | 122.6 | 21,942 |
| 17 | 図書館野田川分室 | 与謝野町 | 122.7 | 28,948 |

（出所）遠藤ほか（2017）より引用

書館が約 18 万 3000 冊で最も多く、伊根町本庄地区公民館と舞鶴市立東図書館が続く（表 12-4）。なお、2017 年（平成 29 年）に、宮津市立図書館が、市内の商業施設内に移転し、延床面積の拡張と蔵書数の増加を行った。

　こうしたなかで、連携都市圏ビジョンに、七つ星プロジェクトの1つとして図書館の相互利用が盛り込まれた。行政サービスシームレス化プロジェクトの項目において、「各市町が有する子育て支援施設や図書館等の文化施設、体育館等のスポーツ施設などの公共施設の相互利用や機能分担、多角的な利用等により住民の利便性を向上させる」と記された。北部の5市2町が有する図書資源の共有を図り、その有効活用が望まれたのである。

　2018 年（平成 30 年）に、協議会は、北部地域全域での図書館の相互利用を実現するために、各市町の利用条件を拡大した。同年4月1日から、連携都市圏の図書館連携事業として、いずれかの市町に在住する者であれば、すべての公立図書館で本が借りられることになった。それま

では、大半の市町で、それぞれの地域に在住・通勤・通学する者に限定されていた。この事業を契機にして、子育て支援施設等への適用も考えられている。

## Ⅱ．公立図書館の施設評価

### 1．安全性分析

　耐震基準と老朽化比率を加味して、個々の公共施設の見直しにおいて、住民の安心・安全の観点からスクラップすべきか否かの判断が、最も優先されるべきである。

**【分析指標】**

> ①使用年数が 36 年以上（補強工事なしの場合）：旧耐震基準を適用
> ②残存償却累計率＝ 1 － 資産老朽化比率（固定資産減価償却率）
> 　資産老朽化比率＝減価償却累計額÷（現在の資産評価額＋減価償却累計額）

　京都府北部地域において、旧耐震基準を適用しているか否か（①）、各公共施設の未償却累計額の取得価額に対する割合としての残存償却累計率（②）の多寡により、下記の 3 つの領域に分類される。

　(A) 上記①の要件を満たしているか、あるいは②の割合が 20％未満の公共施設

　(B) ②の割合が、20％以上 30％未満の公共施設

　(C) ②の割合が、30％以上の公共施設

### ⑴「安全性指標①」に基づく施設分析

　有効ケースである全 15 施設について、使用年数別に整理した。その結果、使用年数が 36 年未満であった施設は 12 件あった。これらの施設の延床面積は 1 万 3351㎡であり、全 15 施設の延床面積（1 万 7718㎡）の 75.4％を占めていた（図 12-2）。

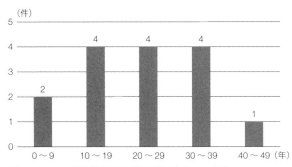

**図12-2　各施設の使用年数別整理（n = 15）**
（出所）遠藤ほか（2017）より引用

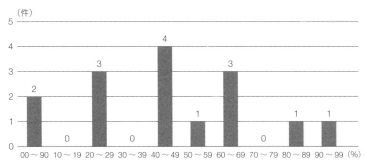

**図12-3　各施設の残存償却累計率別整理（n = 15）**
（出所）遠藤ほか（2017）より引用

### (2)「安全性指標②」に基づく施設分析

　有効ケースである全15施設について、残存償却累計率別に整理した。その結果、同率が30％以上であった施設は10件あった。これらの施設の延床面積は1万2827㎡であり、全15施設の延床面積（1万7718㎡）の72.4％を占めていた（図12-3）。

### 2．「効率性」と「利用者ニーズ」による分析

　効率性の観点（X）と利用者ニーズの観点（Y）からマトリックス表を作成し、施設分類別に実態を把握する。

## 【分析指標】

X　単位あたり総原価：総原価÷貸出冊数

Y　利用割合：蔵書回転率

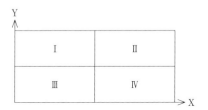

## 【望ましい意思決定の方向性】

　各施設別に中央値をもとめ、4つのセルに区分し、Ⅰ～Ⅳの各々の
セルに位置する各施設について今後の意思決定への役立ちが期待され
る。

　Ⅰ　維持向上：単位あたり総原価が比較的低く、利用割合が高い。

　Ⅱ　コスト削減・効率性改善：単位あたり総原価が比較的高く、利
　　　用割合も高い。

　Ⅲ　利用度強化：単位あたり総原価が比較的低く、利用割合も低
　　　い。

　Ⅳ　機能移転・用途変更等：単位あたり総原価が比較的高く、利用
　　　割合が低い。

　第Ⅰ象限については、比較的効率的かつ有効な公共サービス提供が
実現されている。今後も地域の核となる施設であるが、さらに効率
的・効果的な運営が求められる（但し、環境の変化等があった場合は、
方向性の見直しもありうる）。

　第Ⅱ象限については、当該施設の運営のアウトソーシング（委託・
指定管理者制度の導入等）や空きスペースの利活用、受益者負担の増
加、他の施設からの機能集約（複合化）等を検討し、より効率的・効
果的な管理運営方法に見直す必要がある。

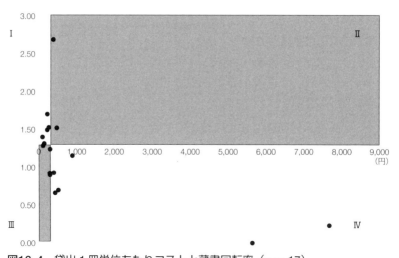

**図12-4　貸出 1 冊単位あたりコストと蔵書回転率（n ＝ 17）**
（注）蔵書回転率：蔵書総数に対する貸出冊数の割合を示す（＝貸出冊数÷蔵書総数）。
（出所）遠藤ほか（2017）より引用

　　第Ⅲ象限については、住民ニーズを十分に調査・分析し、運営のア
ウトソーシング（委託・指定管理者制度の導入等）、他の施設からの機
能集約も含めて検討する。
　　第Ⅳ象限については、当該施設を民間または地域への譲渡（民営
化）、当該施設機能を他施設へ移転（機能移転）することで、機能集約
あるいは用途変更を促進する。

　有効ケースである 17 施設について、貸出 1 冊あたりコスト（中央値：
318 円）と蔵書回転率（中央値：1.30）を軸にして区分した。その結果、
2 施設が第Ⅱ象限に、2 施設がⅢ象限に区分され、効率化の改善や利用
度の強化がそれぞれ望まれていた点がわかった（図 12-4）。

## 3．同規模自治体との比較分析
### ⑴ 京都府北部地域における図書館経営の指標
　京都府北部地域における各図書館の実態を把握するために、図書館経
営に関する指標を算出し、それぞれの図書館の経営状況が比較できるよ

うに整理した。

　日本図書館協会図書館評価プロジェクトチーム（2011）によれば、図書館経営に関する諸指標としては、下記のものが挙げられる。


①インプット指標

　　人口、図書館数、占有床面積、専任職員数、職員数（専任・非常勤・臨時・委託・派遣）、蔵書総数、開架資料数、図書館費（人件費除く）、資料費、年間受入点数、人口あたり資料費

②中間的指標

　　開館日数、有効登録者、有効登録者登録率、専任司書率、雑誌購入種数、新聞種数、蔵書更新率、開架資料更新率、利用者端末数

③アウトプット指標

　　来館者数、予約件数、貸出点数、人口あたり貸出点数、蔵書回転率、団体貸出数、レファレンス・読書案内受付件数、集会行事参加人数、ホームページアクセス件数

④アウトカム指標

　　項目別および全体の図書館利用者満足度、職員の職場満足度


　上記指標を参考に、京都府北部地域の主な図書館（本館）について、表12-5にインプット指標、表12-6にはアウトプット指標をそれぞれ示す。

### ⑵ 30万人都市との比較

　図書館の規模や経営状況について、京都府北部地域の5市2町を30万人都市圏であると想定し、同規模程度の都市との間で比較した。

　表12-7は30万人都市圏の概要を示したものである。

　今回の分析では、30万人都市の選定基準として、①2016年（平成28年）1月1日現在の定住人口が27.5万人から32.5万人であること、②県庁所在地ではないこと、③東京都の特別区ではないことを設けて、全国7都市を選んだ。そのうち、新潟県長岡市は、将来人口の規模や可住地面積の広さの点から京都府北部地域と類似した都市であった。

## 表12-5　図書館のインプット指標（H26 年）

| No. | 施設名 | 定住人口<br>（H26・人） | 延床面積<br>（H26・㎡） | 蔵書総数<br>（H26・冊） | 人口1人当たり<br>蔵書数（冊） |
|---|---|---|---|---|---|
| 1 | 市民交流プラザ図書館 | 81,193 | 3,170.0 | 183,594 | 2.26 |
| 2 | 図書館三和分館 | 81,193 | 348.0 | 18,736 | 0.23 |
| 3 | 図書館夜久野分館 | 81,193 | 1,574.0 | 35,751 | 0.44 |
| 4 | 図書館大江分館 | 81,193 | 1,783.0 | 18,620 | 0.23 |
| 5 | 舞鶴市立東図書館 | 87,860 | 122.7 | 130,412 | 1.48 |
| 6 | 舞鶴市立西図書館 | 87,860 | 939.3 | 118,434 | 1.35 |
| 7 | 綾部市図書館 | 35,812 | 585.4 | 78,069 | 2.18 |
| 8 | 宮津市立図書館 | 19,808 | 534.1 | 119,052 | 6.01 |
| 9 | 峰山地域公民館（図書室含む） | 59,261 | 2,041.3 | 73,077 | 1.23 |
| 10 | 弥栄地域公民館（図書室含む） | 59,261 | 1,791.5 | 24,596 | 0.42 |
| 11 | 丹後地域公民館（図書館含む） | 59,261 | 2,418.4 | 24,594 | 0.42 |
| 12 | あみの図書館 | 59,261 | 2,267.2 | 99,406 | 1.68 |
| 13 | 伊根町立本庄地区公民館 | 2,375 | 513.5 | 130,772 | 55.06 |
| 14 | 伊根町コミュニティセンターほっと館 | 2,375 | 1,368.8 | 12,538 | 5.28 |
| 15 | 与謝野町立図書館 | 23,674 | 601.0 | 66,805 | 2.82 |
| 16 | 図書館加悦分室 | 23,674 | 122.6 | 21,942 | 0.93 |
| 17 | 図書館野田川分室 | 23,674 | 122.7 | 28,948 | 1.22 |

（出所）遠藤ほか（2017）より引用

## 表12-6　図書館のアウトプット指標（H26 年）

| No. | 施設名 | 貸出冊数<br>（H26・冊） | 貸出密度 | 蔵書回転率 |
|---|---|---|---|---|
| 1 | 市民交流プラザ図書館 | 396,359 | 4.88 | 2.16 |
| 2 | 図書館三和分館 | 16,232 | 0.20 | 0.87 |
| 3 | 図書館夜久野分館 | 35,155 | 0.43 | 0.98 |
| 4 | 図書館大江分館 | 19,939 | 0.25 | 1.07 |
| 5 | 舞鶴市立東図書館 | 193,397 | 2.20 | 1.48 |
| 6 | 舞鶴市立西図書館 | 177,589 | 2.02 | 1.50 |
| 7 | 綾部市図書館 | 141,389 | 3.95 | 1.81 |
| 8 | 宮津市立図書館 | 109,619 | 5.53 | 0.92 |
| 9 | 峰山地域公民館（図書室含む） | 93,111 | 1.57 | 1.27 |
| 10 | 弥栄地域公民館（図書室含む） | 41,775 | 0.70 | 1.70 |
| 11 | 丹後地域公民館（図書館含む） | 28,710 | 0.48 | 1.17 |
| 12 | あみの図書館 | 130,168 | 2.20 | 1.31 |
| 13 | 伊根町立本庄地区公民館 | 1,718 | 0.72 | 0.01 |
| 14 | 伊根町コミュニティセンターほっと館 | 2,756 | 1.16 | 0.22 |
| 15 | 与謝野町立図書館 | 64,938 | 2.74 | 0.97 |
| 16 | 図書館加悦分室 | 34,182 | 1.44 | 1.56 |
| 17 | 図書館野田川分室 | 41,715 | 1.76 | 1.44 |

（注）（注）貸出密度 = 貸出冊数÷定住人口、蔵書回転率 = 貸出冊数÷蔵書総数
（出所）遠藤ほか（2017）より引用

**表12-7　30万人都市の概要**

| 都市名 | 人口（H28） | 人口（H26） | 将来人口（H52） | 可住地面積<br>（km²） |
|---|---|---|---|---|
| 京都府北部地域 | 303,127 | 309,983 | 228,055 | 480.74 |
| 市原市 | 279,697 | 281,043 | 225,104 | 233.26 |
| 長岡市 | 276,776 | 280,922 | 218,195 | 447.79 |
| 春日井市 | 311,327 | 309,854 | 290,642 | 75.47 |
| 四日市市 | 312,457 | 313,203 | 268,921 | 177.08 |
| 茨木市 | 279,395 | 277,689 | 271,923 | 47.16 |
| 明石市 | 298,059 | 297,057 | 258,686 | 47.37 |
| 久留米市 | 306,700 | 305,656 | 260,621 | 195.30 |

（出所）遠藤ほか（2017）より引用

**表12-8　図書館のインプット指標の比較**

| 都市名 | 市立図書館数 | 人口10万人<br>あたり図書館数 | 可住地面積10km²<br>あたり図書館数 | 蔵書総数 | 人口1人あたり<br>蔵書数 |
|---|---|---|---|---|---|
| 京都府北部地域 | 17 | 5.81 | 0.37 | 1,185,346 | 3.82 |
| 市原市 | 13 | 4.63 | 0.56 | 1,095,418 | 3.90 |
| 長岡市 | 9 | 3.25 | 0.20 | 886,524 | 3.16 |
| 春日井市 | 11 | 3.55 | 1.46 | 777,327 | 2.51 |
| 四日市市 | 1 | 0.32 | 0.06 | 431,866 | 1.38 |
| 茨木市 | 6 | 2.16 | 1.27 | 1,265,135 | 4.56 |
| 明石市 | 2 | 0.67 | 0.42 | 457,247 | 1.54 |
| 久留米市 | 5 | 1.64 | 0.26 | 781,996 | 2.56 |

（出所）遠藤ほか（2017）より引用

　表12-8は各都市における公立図書館のインプット指標をまとめたものである。京都府北部地域の人口10万人あたり図書館数は5.81館で、いずれの都市よりも多かった。蔵書総数や人口1人あたり蔵書数も他の都市よりも多く、類似都市である長岡市と比べても、図書館の蔵書規模は大きかった。他方で、可住地面積10km²あたり図書館数は0.37館で、各図書館が分散して立地していることが推察された。

　表12-9は各都市における公立図書館のアウトプット指標を整理したものである。京都府北部地域の貸出冊数は約153万冊で、貸出密度（＝貸出冊数÷定住人口）は4.93であった。

　いずれの数値も、30万人都市のなかでも低位にあり、類似都市である長岡市の数値を下回る。また、京都府北部地域の蔵書回転率（＝貸出冊数÷蔵書総数）は1.29にとどまり、いずれの都市よりも低かった。

表12-9　図書館のアウトプット指標の比較

| 都市名 | 貸出冊数（H26） | 貸出密度 | 蔵書回転率 |
|---|---|---|---|
| 京都府北部地域 | 1,528,752 | 4.93 | 1.29 |
| 市原市 | 1,583,260 | 5.63 | 1.45 |
| 長岡市 | 1,616,219 | 5.75 | 1.82 |
| 春日井市 | 1,396,004 | 4.51 | 1.80 |
| 四日市市 | 887,793 | 2.83 | 2.06 |
| 茨木市 | 3,680,635 | 13.25 | 2.91 |
| 明石市 | 1,746,236 | 5.88 | 3.82 |
| 久留米市 | 1,619,250 | 5.30 | 2.07 |

（出所）遠藤ほか（2017）より引用

　上記の分析結果から、京都府北部地域では、他の30万人都市と比べて、図書館数および蔵書規模は充実している一方で、図書館の貸出規模が小さい点がわかった。今後、図書館の貸出実績を向上させるには、市民にとって魅力ある図書館であることが求められており、各図書館の位置づけや機能が再検討される必要があった。

## Ⅲ．今後の課題──さらなる広域連携を目指して

　京都府北部連携都市圏では、もともと府立図書館および26市町村の図書館で、京都府図書館総合目録ネットワークにより蔵書検索による相互貸借を実施していた。2018年（平成30年）年4月1日からは、（京都府5市2町に在住、在勤、在学の者のほか住民登録のある者は、利用券（貸出券）を使って、連携都市圏内のどこの図書館でも本を借りられるようになった（他市町の図書館で借りた本については、必ず借りた図書館で返却が必要）。資料の閲覧については、利用券（貸出券）がなくても可能であり、行政区を越えて公立図書館を利用できるメリットは、災害時のみならず平常時においても、地域住民にとって大きなものとなる。

　当該圏域内の各公立図書館においても、地方自治体ごとにすべての図書や資料を揃える「自己完結型」の必要性がなくなるため、限られた各自治体の予算を最大限利用しやすい環境となり、地方自治体の行政経営上も有効といえる。

**図12-5　図書館と公民館の地理的分布**
（注）＋は図書館を、ピンは公民館を示している
（出所）jSTAT MAP を用いて著者作成

　公共施設の多機能化が模索される今日、図書館運営においても、その
機能のあり方は重要な視点となる。京都府北部地域では、他の 30 万人
都市と比べて、図書館数および蔵書規模が充実している一方で、図書館
の貸出規模がやや小さい点がわかった。圏域内の豊富な図書資源を有効
活用するには、図書館機能の改善・拡張を視野に入れ、各図書館の貸出
実績を向上させることが重要な課題になる。

　図 12-5 は、京都府北部地域における図書館と公民館の地理的分布を
示したものである。この図によれば、図書館利用の不便地域に公民館が
立地していることがわかる。

　また、円（点線）で囲まれたエリアにおける公民館の利用率は総じて

低い傾向にあり、各公民館に貸出検索機や返却ボックスを設置することで、図書館の貸出機能を向上させることが可能になる（熊本県宇城市では、実績あり）。もし、図書館の利用が進めば、当該地域に住む市民の公民館への訪問回数が増加し、その利用率も上昇することが期待できる。

2016年度（平成28年度）に数回にわたり、圏域内の図書館職員へのヒアリングを実施した結果、下記のような要望も確認できた。

1）他公立図書館で直接借りた蔵書を、利用者の住む地域の公立図書館から返却できるようにしたい。
2）古くなった雑誌の分担保存をしたい。
3）広域で高齢者向けの本の宅配をしたい。
4）図書の貸出機能以外で、例えば、当該圏域内で各々の地域を代表する文化関連の蔵書フェアを、他自治体の図書館でも実施してはどうか。

「広域連携」には、公共施設の総量規制の一手段としての役割のみならず、関連自治体にとって新たな価値創造の役割もある。先進自治体の取り組みを参考にしつつ、京都府北部地域で同じ機能を担う現場職員間で、コミュニケーションを十分に行い、継続的に地域活性化が実現できることを期待している。

注
1）遠藤尚秀・三好ゆう・佐藤充（2017）「公共施設利用実態調査報告書—より住みやすい京都府北部仮想30万人都市圏をめざして—」（京都府北部地域連携都市圏形成推進協議会委託事業）。

**参考文献**
宇城市（2015a）「施設別管理運営方針」
宇城市（2015b）「公共施設等総合管理計画～「あれば便利」から「賢く使う」へ～」
京都府自治振興課（2013）「公共施設マネジメントに係る研究報告」

京都府北部地域連携都市圏推進協議会（2017）「京都府北部地域連携都市圏ビジョン～"北の京都"七つ星プロジェクト～」
総務省（2016）「統一的な基準による地方公会計マニュアル」
総務省自治財政局財務調査課・地方公共団体金融機構（2016）「地方公会計の活用のあり方に関する研究会報告書」
習志野市（2016）「習志野市公共施設等総合管理計画」
日本図書館協会図書館評価プロジェクトチーム編（2011）「図書館評価プロジェクト中間報告—

　公立図書館の自己点検評価のためのマニュアル
　　─」
浜松市（2008）「資産経営推進方針」
浜松市（2010）「浜松市公共施設再配置基本方針」

浜松市（2011）「浜松市公共施設再配置計画個別
　　計画」
浜松市（2016）「浜松市公共施設等総合管理計画」

## [資料] 本書で紹介している各図書館のプロフィール

※開館日（休館日）は、各HPでご確認ください

●瀬戸内市民図書館（もみわ広場）　　［第5章］

〒701-4221 瀬戸内市邑久町尾張465-1
◆火・水・土・日・祝日／午前10時〜午後6時
　木・金／午前10時〜午後7時
https://lib.city.setouchi.lg.jp/

●和歌山市民図書館（2020年開館）　［第6章］

〒640-8202 和歌山市屏風丁17番地
◆午前9時から午後9時まで。年中
https://wakayama-sp.civic-library.jp/

●伊丹市立図書館（ことば蔵）　　　　［第8章］

〒664-0895 伊丹市宮ノ前3-7-4
◆火〜金／午前9時30分〜午後8時
　土・日・祝／9時30分〜午後6時
http://www.city.itami.lg.jp/SOSIKI/EDSHOGAI/
EDLIB/index.html

●甲州市立勝沼図書館　　　　　　　　［第9章］

〒409-1313 甲州市勝沼町下岩崎1034-1
◆火〜金／午前10時〜午後7時
　土・日・祝／午前10時〜午後5時
https://www.lib-koshu.jp/lib/katsunuma/

●西脇市図書館（Miraie内）　　　　　［第10章］

〒677-0057 西脇市野村町茜が丘16番地の1
◆午前9時30分〜午後7時
http://www4.city.nishiwaki.lg.jp/

●宇城市立中央図書館　　　　　　　　［第11章］

〒869-0552 宇城市不知火町高良2352番地
◆平日／午前10時〜午後6時
　土・日・祝／午前10時〜午後5時
https://www.city.uki.kumamoto.jp/q/aview/116/
1539.html

執筆者紹介

**永田潤子**
（ながた　じゅんこ）
［序、第1章］

編者紹介参照

**樹下康治**
（きのした　やすはる）
［第2章］

京都市西京区副区長（地域力推進室長・区民部長）。立命館大学文学部史学科日本史学専攻卒、大阪市立大学大学院創造都市研究科修士課程都市政策専攻都市公共政策研究分野修了。

**横田早紀**
（よこた　さき）
［第3章］

大阪府庁勤務。大阪市立大学大学院創造都市研究科（現・都市経営研究科）都市政策専攻修了。修士（都市政策）。現在、同志社大学大学院総合政策科学研究科博士後期課程在籍。

**遠藤尚秀**
（えんどう　なおひで）
［序、第4章、第12章Ⅰ・Ⅲ］

編者紹介参照

**嶋田　学**
（しまだ　まなぶ）
［第5章］

奈良大学文学部教授。専攻は図書館情報学、公共政策論。大阪府豊中市立図書館、滋賀県永源寺町立図書館、滋賀県東近江市立図書館、岡山県瀬戸内市新図書館開設準備室長、瀬戸内市民図書館館長を経て現職。著書に『図書館・まち育て・デモクラシー ―瀬戸内市民図書館で考えたこと』（青弓社）、『図書館サービス概論 ―ひろがる図書館のサービス』（共著、ミネルヴァ書房）、『図書館・図書館学の発展 ― 21世紀初頭の図書館』（共著、日本図書館研究会）がある。

**坂下雅朗**
（さかした　まさお）
［第6章］

和歌山市教育委員会教育学習部長。和歌山市民図書館長を経て現職。

**高橋　聡**
（たかはし　さとる）
［第7章］

カルチュア・コンビニエンス・クラブ株式会社公共サービス企画カンパニー社長。立命館大学産業社会学部卒。武雄市図書館の指定管理者として、リニューアルのコンセプトづくり、サービス企画から内装設計、運営までを担う。以降、海老名市立中央図書館、多賀城市立図書館などの指定管理業務も行う。

**綾野昌幸**
（あやの　まさゆき）
［第8章］

伊丹市都市活力部参事兼教育委員会生涯学習部参事。関西学院大学法学部卒。伊丹市役所入庁後、まちづくりを担当し「関西まちづくり賞大賞」、「まちなか広場賞特別賞」を受賞。館長を務めた伊丹市立図書館ことば蔵が「Library of the year 2016 大賞」を受賞した。著書に『100円商店街・バル・まちゼミ ―お店が儲かるまちづくり』（共著、学芸出版社）「都市商業とまちづくり」（共著、税務経理協会）がある。

**古屋美智留**
（ふるや　みちる）
［第9章］

甲州市立図書館司書。山梨英和短期大学国文科卒。塩山市役所（現甲州市役所）入庁。教育総務課学校図書館担当として市内小中学校勤務。現在、同市生涯学習課勝沼図書館担当。

**松本智恵美**
（まつもと　ちえみ）
［第 10 章 I］

兵庫県西脇市都市経営部茜が丘複合施設こどもプラザ所長。短期大学保育科卒業後、兵庫県多可郡黒田庄町立保育所勤務、兵庫県西脇市立保育所勤務、西脇市児童福祉課勤務を経て、現職。

**楠本昌信**
（くすもと　まさのぶ）
［第 10 章 II・III］

西脇市図書館長。関西大学法学部卒。明石市立図書館、明石市立西部図書館長、明石市教育委員会生涯学習課、大東市立西部図書館長、中央図書館長、神戸学院大学有瀬図書館を経て、現職。

**喜津木紀子**
（きつき　のりこ）
［第 11 章］

元宇城市立中央図書館長。高校卒業後、地元の民間放送局で、レポーター等を勤める。その後、宇城市合併前の不知火町役場に採用、宇城市役所定年退職。現在、引き続き再任用で宇城市役所勤務。

**佐藤　充**
（さとう　みつる）
［第 12 章 I・II］

福知山公立大学地域経営学部助教。法政大学大学院政策科学研究科博士後期課程単位取得退学。修士（政策科学）。法政大学地域研究センター客員研究員、一般社団法人京都府北部地域・大学連携機構研究員を経て、現職。著書に *"Sustainable Innovation and Regional Development: Rethinking Innovative Milieus"*（共著、Edward Elgar Publishing）、『都市空間と産業集積の経済地理分析』（共著、日本評論社）がある。

編者紹介

## 永田潤子
（ながた　じゅんこ）
[序、第1章]

大阪市立大学大学院都市経営研究科教授（実務型専任）。
㈱メガチップス社外取締役、㈱タニタヘルスリンク顧問、
（公財）国際人材交流支援機構理事。埼玉大学大学院政策
科学研究科（現：政策科学大学院大学）修士（政策分析）、
大阪大学大学院経済学研究科博士後期課程にて、政策分
析、意思決定、経営学を研鑽。海上保安大学校行政管理学
講座助教授、大阪市立大学創造都市研究科准教授を経て現
職。専門は公共経営（ソーシャルマーケティング）、組織
マネジメント。総務省研究会委員として NPM 改革、さら
には公共経営を研究し、多数の国や地方自治体の委員を歴
任、橋下大阪府知事時代は特別顧問・改革評価委員を務め
た。著書に『パブリックセクターのための経済学・経営
学』（共著、NTT 出版）、『日本型 NPM ―行政の経営改革
への挑戦』（共著・ぎょうせい）があり、図書館情報学の
教科書として『図書館制度・経営論―ライブラリー・マネ
ジメントの現在』（共著、ミネルヴァ出版）がある。ほ
か、ソーシャルマーケティングを通じた社会課題の解決プ
ロジェクト（JST 採択研究）の研究代表を務め、『おかい
もの革命！―消費者と流通販売者の相互学習型プラットホ
ームによる低炭素型社会の創出』（共著・公人の友社)』な
どがある。

## 遠藤尚秀
（えんどう　なおひで）
[序、第4章、第12章Ⅰ・Ⅲ]

大阪市立大学大学院都市経営研究科教授。国際公会計学会
関西部会長（理事）、公認会計士、英国勅許公共財務会計
士。関西学院大学大学院経営戦略研究科博士課程後期課程
修了（博士（先端マジメント))。修士課程修了後、大手監
査法人に約 30 年間勤務。民間企業・大学の会計監査、株
式公開支援などの民間向け業務や、行政向けのコンサル
（自治体行政評価の指導、独法化支援など）、包括外部監査
などを実施。その間、日本公認会計士協会近畿会副会長二
期、本部理事一期、本部公会計・公監査担当常務理事を二
期務める。監査法人退社後、福知山公立大学教授（地域経
営学科長）を経て現職。関西学院大学大学院・兵庫県立大
学大学院・早稲田大学大学院、自治大学校・市町村アカデ
ミー（JAMP)・全国市町村国際文化研修所（JIAM）など
の非常勤講師や全国都市監査委員会・全国自治体で研修講
師、内閣府「地方創生カレッジ」e ラーニング講師を務め
るほか、総務省・財務省・文科省の研究会などや自治体の
各種委員を歴任。客観的なデータに基づく持続可能な公共
経営・グッドガバナンスの促進を支援。著書に『企業財務
の管理と診断技法』（共著、同文舘出版）、『RON ＜論＞被
災からの再生』（共著、関西学院大学出版）、『パブリック・
ガバナンスの視点による地方公会計制度改革』（中央経済
社）（国際公会計学会書籍部門学会賞受賞）などがある。

**都市経営研究叢書4**

こうりつとしょかん　としけいえい　げんざい
# 公立図書館と都市経営の現在
地域社会の絆・醸成へのチャレンジ

2020年3月30日　第1版第1刷発行

編　者——永田潤子・遠藤尚秀
発行所——株式会社 日本評論社
　　　　　〒170-8474 東京都豊島区南大塚3-12-4
　　　　　電話 03-3987-8621　（販売）-8601（編集）
　　　　　https://www.nippyo.co.jp/　振替 00100-3-16
印　刷——平文社
製　本——牧製本印刷
装　幀——図工ファイブ

検印省略　ⒸJ. Nagata and N. Endo 2020
ISBN978-4-535-58745-8　Printed in Japan